Gabriel Berger
Putins „russische Welt"

Gabriel Berger

Putins „russische Welt"

Gedanken zu Russlands Krieg gegen die Ukraine

Inhalt

1. Einleitende Worte

«Der Krieg hat so viele unerträgliche Prüfungen mit sich gebracht, so viel Leid und Tränen, dass es unmöglich ist, zu vergessen. Und es gibt keine Vergebung und keine Rechtfertigung für diejenigen, die erneut aggressive Pläne schmieden. »

Wladimir Putin, 09.05.2021

Diese Worte hat Wladimir Putin natürlich nicht im Kontext des von ihm am 24.02.2022 inszenierten Angriffs auf die Ukraine formuliert. Vielmehr bezogen sich die aus Anlass des Jahrestages des Sieges über die Wehrmacht am 09.08.2021 von Putin gesprochenen Worte auf die immensen Leiden des Russischen Volkes und der anderen Völker der Sowjetunion während des Zweiten Weltkrieges. Die derzeit durch ihn selbst verursachten Leiden des ukrainischen Volkes werden von ihm allerdings ausgeblendet, weil er seine „militärische Spezialoperation" für absolut berechtigt, also auch für gerecht hält. Der neu entbrannte Ost-West-Konflikt wurzelt nicht zuletzt in den zwischen dem Westen und Russland diametral unterschiedlichen Auffassungen zu den Moralbegriffen. Obwohl es oft den Anschein hat, als sei Russland ein europäisches Land, mit einer ohne Frage zum Teil europäischen Tradition, trennen den Westen und Russland in der heutigen Konstellation Welten.

Die meisten der vorliegenden Texte sind von mir unter dem Eindruck der russisch-ukrainischen Konfliktes und des am 24.02. 2022 erfolgten Überfalls Russlands auf die Ukraine verfasst worden. Einige der Texte sind als Beiträge zur Veröffentlichung in Zeitschriften entstanden, andere sind Äußerungen in Internet-Diskussionen, und zwar sowohl mit Putin-Gegnern, als auch mit „Putin-Versteher". Diskussionen mit Letzteren sind von mir bewusst geführt worden, um im verbalen Konflikt mit Widersachern meine Argumente zu schärfen und zu präzisieren. Ich hoffe, dass mir das gelungen ist, obwohl ich mir keine Illusionen mache, Freunde oder wohlwollende Bejaher der aggressiven Politik Putins von ihrem Irrtum überzeugen zu können. Denn die Wurzel ihres Irrtums ist der von Putins Propaganda geschürte Glaube, Russland müsse sich der Aggression seitens des Westens erwehren, dessen williges Werkzeug die Ukraine sei. Es handle sich deshalb bei dem von Putin als „militärische Spezialoperation" bezeichneten Krieg Russlands gegen die Ukraine in Wirklichkeit um einen Krieg des Westens oder genauer gesagt der USA, gegen Russland, also von Seiten Russlands um einen Verteidigungskrieg gegen die vom Westen geplante Vernichtung und territoriale Zerstückelung Russlands. Die Westeuropäer seien dabei nicht mehr als Vasallen und Willensvollstrecker der USA, weshalb sie von Russland zurecht nicht als Gesprächspartner auf Augenhöhe angesehen würden. Es ist das spiegelverkehrte, manichäische schwarz-weiße Weltbild ihres Mentors Putin, in dem in der Tradition der Totalitarismen des 20. Jahrhunderts, des Kommunismus, Faschismus und Nationalsozialismus, der größte Feind die westliche Liberale Demokratie ist. Kein Wunder, wenn unter anderen so viele Ostdeutsche, ehemalige DDR-Bürger, heute Putin-Anhänger sind, gleichgültig ob sie sich heute als Linke oder als Rechte verorten, weil sie, konditioniert durch jahrzehntelange kommunistische Propaganda und das Leben in der Diktatur, sowie die durch den Nationalsozialismus geprägte Gedankenwelt ihrer Eltern, kein Gespür für den Wert der Freiheit haben, auch wenn sie am Ausgang der DDR gegen sie rebelliert haben. Freiheit im westlichen Verständnis wird von ihnen meist als ein wertloser, manipulativer Begriff zur Wahrung der Interessen des Großkapitals gesehen.

Obwohl manche von ihnen selbst unter dem Leben in der Diktatur gelitten haben, können oder wollen sie sich nicht in die Gefühlslage der Ukrainer versetzen, die ihre Freiheit vor dem neuen russischen Totalitarismus verteidigen. Es ist nicht überraschend, dass sowohl Anhänger linker, als auch rechter Ideologien heute zu den Anhängern Putins zählen. Sie betrachten sich als Humanisten und als Friedensliebhaber, weil diese Begriffe durch die russische Propaganda ins Absurde umdefiniert wurden, und sich Putin und seine Anhänger als Verteidiger der durch die westliche Dekadenz bedrohten, christlich begründeten höheren Moral darstellen, was interessanterweise sowohl bei national-konservativen Rechten, als auch bei ehemaligen Parteigängern der kommunistischen Diktatur, die sich als Linke verorten, Anklang findet.

2. Putins Propaganda
2.1. Grundbegriffe

Russische Welt (russisch Русский мир – Russki Mir) bezeichnet eine hypothetische internationale, transkontinentale Gemeinschaft, die durch die Verbundenheit mit Russland und die Loyalität zur russischen Kultur vereint ist. (Wikipedia)

Eurasismus oder *Eurasiertum* (russisch евразийство Ewrasijstwo) ist eine in den 1920er Jahren von russischen Emigranten formulierte geopolitische Ideologie. Der Eurasismus behauptet, dass ein von Russland dominierter, zwischen Europa und Asien befindlicher „Kontinent Eurasien" in einem fundamentalen Gegensatz zur „romano-germanisch" geprägten westlichen Welt stehe. (Wikipedia)

„Der Zerfall der Sowjetunion war die größte geopolitische Katastrophe des 20. Jahrhunderts". (Wladimir Putin, 2005)

Diktatur ist ein Staatssystem, in dem die Herrscher das unbeschränkte Recht zu lügen haben. Je dreister und unwahrscheinlicher die Lüge, um so sattelfester die Diktatur. Es wird nicht gelogen, damit jemand an die Lügen glaubt, sondern damit Angst verbreitet wird, den Lügen zu widersprechen. Eine Diktatur bricht zusammen, wenn die Mehrheit der Menschen die Angst verliert, offen die Wahrheit zu sagen. Das geschah z.B. im Märchen „Des Kaisers neue Kleider" und in der DDR im Jahr 1989. (Gabriel Berger, 2022)

2.2. Impressionen über Staatsmedien Russlands, Polens und der Ukraine

Noch vor Beginn des russischen Krieges gegen die Ukraine am 24.02.2022 habe ich die Gelegenheit gehabt, mir über eine Satellitenantenne russische, ukrainische und polnische Sendungen anzusehen, in den Kanälen Rossija24, Ukraina24 und TVP. Da ich perfekt polnisch und einigermaßen russisch spreche und verstehe, erlaube ich mir ein Urteil zu der Qualität der drei jeweils offiziellen Staatssender. Und da fällt mein Urteil eindeutig zuungunsten des polnischen Senders TVP aus. Er kommt selbst im Vergleich mit dem russischen Sender schlecht weg. Denn, was man da in den politischen Sendungen zu sehen bekommt, ist unverhüllte Propaganda der Regierungspartei PIS. Mit Meinungen von Politikern der Oppositionspartien setzt man sich nie auseinander, sie werden nur auf primitivste Weise lächerlich gemacht.

Da präsentiert sich der russische Staatssender Rossija24 erheblich moderner und professioneller. In politischen Talk-Runden des Starmoderators Solowjow, die ohne Frage inszeniert sind, prallen unterschiedliche Meinungen der Experten aufeinander. Es wird der Eindruck einer Pluralität von Meinungen erzeugt. Der Meinungsaustausch wird oft bis zum heftigen Streit gesteigert, der eine besondere Dynamik erhält, weil die Protagonisten der „Auseinandersetzung", alle meist ältere Männer, in einem Kreis um einen Tisch stehen. Die Regie ist perfekt und nur für kritische Zuschauer durchsichtig. Für die Masse der Zuschauer ist die Inszenierung, bei welcher der nicht anwesende Putin immer als der Held und ein um die Probleme des Landes und aller russischer Menschen besorgter Landesvater erscheint, ohne Frage überzeugend.

Den mit Abstand besten Eindruck machten auf mich die Talk-Sendungen des ukrainischen Staatssenders Ukraina24. Da wurde niemand vor der Kritik geschont, einschließlich des Präsidenten Selenski. Man kann sich dagegen eine Kritik an Putin in russischen Medien nicht vorstellen. Er ist in Russland ein Heiliger, während Selinski in der Ukraine nur ein Mensch ist, im guten Sinne der Römischen Republik primus inter pares, der Erste unter Gleichen.

Die Ukraine war auch vor dem Krieg beileibe kein ideales Land. Korruption, Vetternwirtschaft Oligarchen, eine veraltete, marode Industrie und Infrastruktur waren und sind nur einige der Klötze am Bein der Ukraine. Aber der Fernsehsender Ukraina24, in dem übrigens sehr oft neben Ukrainisch auch Russisch gesprochen wird, vermittelt den Eindruck eines demokratischen, republikanischen Geistes, im Gegensatz zu dem der Ukraine von Putin und den russischen Medien unterstellten Faschismus und noch extremer, des Nationalsozialismus. Es ist wahr was der ukrainische Präsident Volodymir Selenski sinngemäß gesagt hat: Alles was Russland der Ukraine unterstellt, trifft in Wirklichkeit auf Russland zu.

Russland ist ein Land, dessen übersteigerte nationalistische Ideologie, Verfolgung Andersdenkender, zur Schau gestellter Militarismus, martialische Massenrituale, gleichgeschaltete Medien, nationalistische Geschichtsklitterung in Medien und Schulen, Diktatur und Führerkult weitgehend einem historischen Vorbild gleichen: dem europäischen Faschismus der dreißiger Jahre.

2.3. Ivan Iljin, Putins geistiger Mentor

Auf Initiative Putins ist im heutigen Russland der natio-
nalkonservative antibolschewistische russische Philosoph
Ivan Iljin (1883-1954), der seit 1922 in Westeuropa im
Exil lebte, richtungweisend, ähnlich wie es in der sow-
jetischen Zeit Lenin gewesen ist. Iljins Texte gehören zur
Pflichtliteratur in Bildungsinstitutionen, im Militär und in
Verwaltungen Russlands.

Nachfolgend ausgewählte Ausschnitte aus „Ivan Iljin, Putins Philosoph des russischen Faschismus"[1] von Timothy
Snyder, 2018, (korrigierte automatische Übersetzung aus
dem Englischen)

Was Iljin am meisten zu beunruhigen schien, war, dass Ita-
liener und nicht Russen den Faschismus erfunden hatten:
„Warum haben die Italiener Erfolg gehabt, wo wir geschei-
tert sind?" Als er 1927 über die Zukunft des russischen
Faschismus schrieb, versuchte er, den russischen Vorrang
zu etablieren, indem er den weißen Widerstand gegen
die Bolschewiki als die Vorgeschichte der faschistischen
Bewegung als Ganzes betrachtete. Die Weiße Bewegung
sei auch „tiefer und breiter" gewesen als der Faschismus,
weil sie eine Verbindung zur Religion und das Bedürfnis
nach Totalität bewahrt habe. Iljin verkündete „meinen
weißen Brüdern, den Faschisten", dass eine Minderheit
die Macht in Russland übernehmen müsse. Die Zeit würde
kommen. Der „Weiße Geist" sei ewig. (...)

Sobald er davon überzeugt war, dass die Juden sowohl
für den Kapitalismus als auch für den Kommunismus
verantwortlich waren, konnte Hitler den letzten Schritt

---

1   Quelle: https://www.nybooks.com/daily/2018/03/16/ivan-Iljin-pu-
tins-philosopher-of-russian-fascism/

tun und schlussfolgern, wie er es in Mein Kampf tat, dass Juden die Quelle aller Ideen waren, die das deutsche Volk bedrohten. In dieser wichtigen Hinsicht war Hitler tatsächlich ein Schüler der russischen weißen Bewegung. Iljin, der wichtigste weiße Ideologe, wollte, dass die Welt erfährt, dass Hitler Recht hatte. (...) Iljin zufolge hatten die Nazis Recht, jüdische Geschäfte zu boykottieren und Juden als Kollektiv für die Übel verantwortlich zu machen, die Deutschland befallen hatten. Vor allem wollte Iljin Russen und andere Europäer davon überzeugen, dass Hitler Recht hatte, Juden als Agenten des Bolschewismus zu behandeln. Diese „jüdisch-bolschewistische" Idee war, wie Iljin meinte, die ideologische Verbindung zwischen den Weißen und den Nazis.

Der Zweite Weltkrieg war kein „Urteil über den Bolschewismus", wie es sich Iljin 1941 vorgestellt hatte. Stattdessen war die Rote Armee 1945 triumphal aus ihm hervorgegangen, die sowjetischen Grenzen waren nach Westen ausgedehnt worden, und ein neues äußeres Imperium mit der Sowjetunion nachgebildeten Regimen war im Osten Europas errichtet worden. Nach langer Zeit seit der bolschewistischen Machtübernahme wurde es in den 1940er Jahren unmöglich, sich vorzustellen, dass Mitglieder der weißen Emigration eines Tages in Russland an die Macht zurückkehren würden, wie Iljin es in den 1920er Jahren geglaubt hatte. (...) Was stattdessen gebraucht wurde, war eine Blaupause für ein postsowjetisches Russland, als Vorlage für die Zukunft. Iljin machte sich daran, eine Reihe von Verfassungsvorschlägen sowie eine kürzere Reihe politischer Essays zu verfassen. Mit der Veröffentlichung der letzteren unter dem Titel Unsere Aufgaben (Nashi Zadachi), begann im postsowjetischen Russland Iljins intellektuelle Wiederbelebung. Iljins Nachkriegsempfehlungen hatten eine unverkennbare Ähnlichkeit mit den faschistischen Systemen der Vorkriegszeit und stimmen mit den metaphysischen und ethischen Legitimationen des Faschismus überein, die in Iljins Hauptwerken enthalten sind. Der „nationale Diktator", prognostizierte Iljin, würde irgendwoher aus einem imaginären Bereich jenseits der Geschichte entspringen. Dieser Anführer (Gosudar') müsse wie Mussolini „ausreichend männlich" sein. (...) „Von dem starken Mann kommt die Macht ganz von selbst", erklärte Iljin. Die Menschen würden sich vor „dem lebendigen Haupt Russlands" verbeugen. Der Führer „stählt sich im gerechten und männlichen Dienst".

In Iljins Konzept ist dieser Führer persönlich und vollständig für jeden Aspekt des politischen Lebens verantwortlich, als Regierungschef, oberster Gesetzgeber, oberster Richter und Befehlshaber des Militärs. Seine Exekutivgewalt würde unbegrenzt sein. Jede „politische Auswahl" sollte „auf formal undemokratischer Basis" erfolgen. Demokratische Wahlen institutionalisierten den bösen Begriff der Individualität. „Das Prinzip der Demokratie", schrieb Iljin, „war das unverantwortliche menschliche Atom." Das Auszählen von Stimmen sei ein Irrweg und solle „das mechanische und arithmetische Verständnis der Politik" legitimieren. Daraus folgte: „Wir müssen das blinde Vertrauen in die Zahl der Stimmen und ihre politische Bedeutung ablehnen." Eine öffentliche Abstimmung mit unterschriebenen Stimmzetteln würde es den Russen ermöglichen, ihre Individualität aufzugeben. Wahlen würden somit ein Ritual der Unterwerfung der Russen unter ihren Führer sein.

Das Problem des Vorkriegsfaschismus sei laut Iljin der Einparteienstaat gewesen. Das sei eine Partei zu viel gewesen. Russland solle stattdessen ein Null-Parteien-Staat werden, in dem keine Partei den Staat kontrollieren oder irgendeinen Einfluss auf den Lauf der Dinge ausüben könne. Denn eine Partei repräsentiere nur ein Segment der Gesellschaft, und eine Segmentierung gelte es zu vermeiden. Parteien könnten existieren, aber nur als Sammelbecken für die Ehrgeizigen oder als Elemente des Rituals der Unterwürfigkeit bei Wahlen. (Mitgliedern von Putins Partei wurde der Artikel, der diesen Punkt hervorhebt, 2014 zugeschickt.) Dasselbe gelte für die Zivilgesellschaft: Sie solle nur zum Schein existieren. Russen sollten Hobbys und dergleichen nachgehen dürfen, aber nur im Rahmen einer gesamtgesellschaftlichen Struktur, die alle gesellschaftlichen Organisationen einschließt. Der Mittelstand müsse in dieser Struktur die Basis bilden, das Gewicht des gesamten Systems tragen. Seine Mitglieder seien die Produzenten und Konsumenten von Fakten und Gefühlen in einem System, dessen Ziel es ist, Faktizität und Sinnlichkeit zu überwinden.

„Freiheit für Russland", wie Iljin sie verstand (in einem von Putin 2014 selektiv zitierten Text), bedeute nicht die Freiheit der Russen als Individuen, sondern die Freiheit der Russen, sich als Teil eines Ganzen zu verstehen. Das politische System müsse, wie Iljin klarstellte, „die organisch-spirituelle Einheit der Regierung mit dem Volk und des Volkes mit der Regierung" kreieren. Der erste Schritt dahin sei „die metaphysische Identität aller Menschen derselben Nation". Die „Bösartigkeit des ‚Sinnlichen'" könne gebannt und „die empirische Verschiedenheit der Menschen" überwunden werden.

2.4. Ist Putin ein Faschist?

(Ausschnitt aus einer Email an einen heute in Westdeutschland lebenden ehemaligen Dresdner)

Es war nicht Stalin, Georgij Dimitrov hat die „marxistische Definition" des Faschismus verfasst. Lies mal die Bücher von Ernst Nolte zum Thema, z.B.

https://www.amazon.de/Faschismus-seiner-Epoche-Italienischer-Nationalsozialismus/dp/3492203655

Da wird auch vom französischen Faschismus gesprochen. In Frankreich hat man wohl auch nicht Fasces als Zeichen gehabt. Faschismus galt damals in zahlreichen europäischen Staaten als eine durchaus akzeptable, progressive Staatsform. Ernst Nolte, der Experte in Sachen Geschichte des Faschismus, hat auch die Franco-Diktatur als den spanischen Faschismus bezeichnet:

Franco zeigte bald darauf, dass er sich der Falange hauptsächlich zum Zweck der Machtergreifung und als Klammer für die Parteien und Bewegungen der frente nacional bemächtigt hatte. Ernst Nolte geht so weit zu sagen, dass „*der spanische Faschismus* [...] den konservativen Mächten nicht mehr bloß verbündet, sondern versklavt war".

(Wikipedia)

Nolte war ein konservativer Historiker, der im „Historikerstreit" von Linken Historikern und Philosophen angefeindet wurde.

Mit anderen Worten: Lies Ernst Nolte, dann weißt Du was Faschismus ist und Du erfährst es aus einer konservativen Quelle. Es gibt übrigens auch nichtmarxistische Arbeiten über den ukrainischen Faschismus in der ersten Hälfte des

17

vorigen Jahrhunderts. Damit beschäftigt sich ausgiebig der polnische Historiker Grzegorz Rossolinski-Liebe. Und heute haben wir in Russland den russischen Faschismus. Bei Marxisten kann man sich über diesen nicht erkundigen.

Alexander Dugin ist ein heutiger russischer Philosoph und einer der Vordenker Putins, der oft als ein Faschist bezeichnet wird. Er hat sich mit seiner „Nationalbolschewistischen Partei" zu weit nach vorn gewagt, die Partei wurde verboten. Aber Dugins Ideen, wie die von Ivan Iljin, gehören zum Repertoire des Putinschen Weltbildes.[2]

Interessant in diesem Zusammenhang auch:

Grenzenloses Eurasien

Der neurechte Nationalbolschewismus in Russland hat Elemente des Monarchismus, des Bolschewismus und des Faschismus aufgenommen und die Gegenkultur nationalistisch aufgeladen.[3]

Dieses Ideenkonglomerat ist Putins Ideologie. Ich würde sie als den Putin-Faschismus oder den russischen Faschismus bezeichnen. Vieles dabei wurzelt im Glauben an Verschwörungstheorien, die auch in der AfD und in AfD-nahen Kreisen im Umlauf sind, weshalb deren Vertreter eine Affinität zu Putin entwickelt haben.

Wie sich Putin selbst und seine Richtung bezeichnet ist nicht mein Problem. Ich muss mich nicht nach ihm richten. Auf jeden Fall passt, historisch betrachtet, sein Weltbild am besten zum italienischen Faschismus, zurechtgestutzt auf die zaristische russische Tradition.

---

2 Quelle: https://www.die-tagespost.de/kultur/alexander-dugin-wir-muessen-angreifen-art-226164.
3 Zitat aus: https://jungle.world/artikel/2002/44/grenzenloses-eurasien.

Heutiger Trend in Russland:

„Unerwartete Ehrenrettung für den Faschismus – ausgerechnet in Russland[4]

 Bei Faschismus denken die Russen vor allem an das nationalsozialistische Deutschland. Der eigentliche Faschismus sei aber gar nicht böse, wollen jetzt ein paar Staatspropagandisten weismachen. **Ein staatsnaher russischer Journalist will Benito Mussolini rehabilitieren.**

Hier trifft sich der ehemalige italienische Ministerpräsident Mussolini am 18. Juni 1940 mit Adolf Hitler in München.

Der Vorwurf, ein Faschist zu sein, gehört in Russland zu den schwerwiegendsten Vorhaltungen. Er impliziert, das millionenfache Leid und das Verderben, die der Zweite Weltkrieg über die Völker der Sowjetunion brachte, zu relativieren. Erst recht gilt das vor dem 75. Jahrestag des Kriegsendes. Umgekehrt ist dieser Vorwurf schnell zur Hand, wenn politische Gegner diffamiert werden sollen. Als von einer «faschistischen Junta» etwa sprachen russische Politiker und Kommentatoren über die ukrainische

---

4   Quelle: https://www.nzz.ch/international/russland-ehrenrettung-fuer-den-faschismus-ld.1533232).

Regierung nach der «Revolution der Würde» 2014 auf dem Maidan.

Umso unerwarteter ist daher eine Ehrenrettung für den Faschismus ausgerechnet von staatsnahen Journalisten. Wladimir Solowjow, einer der prominentesten Propagandisten am russischen Staatsfernsehen, rief im Kurzmitteilungsdienst Telegram eine Rezension seines 2013 veröffentlichten Films «Mussolini: Der Untergang» in Erinnerung. Darin kritisierte ein Publizist das falsche Urteil, das über den italienischen Diktator in der russischen Gesellschaft vorherrsche. Mussolini sei ein glänzender Mensch gewesen, er habe der Welt einen dritten Weg gezeigt, auf dem heute teilweise auch Russland gehe. Solowjows Film sei deshalb so wichtig, weil in Russland das Verständnis dafür fehle, dass Mussolinis Faschismus und der «abartige Nazismus» völlig unterschiedlich gewesen seien.

Das entfachte sofort eine Diskussion, in der sich Solowjow gegen die Unterstellung wehrte, den Nazismus zu rehabilitieren. Der Kolumnist Dmitri Petrowski ging auf der Website des Staatssenders RT einen Schritt weiter. Er erinnerte daran, wie Stalin den «Faschismus» als Kampfbegriff gegen die Nazis nutzte, weil das absolut Böse unmöglich auch «sozialistisch» sein konnte. Das dient Petrowski allerdings dazu, den Faschismus Mussolinis in bestes Licht zu rücken. Erst das fatale Bündnis mit Hitler habe die negativen Seiten des «Nazitums» nach Italien gebracht. Zu Recht bemerkte der Blogger Ilja Warlamow, eine Rehabilitierung des Faschismus in Putin-kritischen Medien hätte zu einem Aufschrei geführt. Solowjow aber, der viel Zeit in seinem Haus in Italien verbringt, hat nichts zu befürchten.»

Aus Facebook:

 Oberst Grubert
Deutschland und Frankreich haben mehr
Faschisten im Parlament als Ukraine. Ich
arbeite mit Ukrainern. Ich war in Kiev. Ich
habe die Rede von Putin vor dem Überfall
gesehen. Wenn das kein Faschismus ist, dann
weiß ich auch nicht. Das Lustige ist, das selbst
der russische Inlandsgeheimdienst weiß, das
dieses Faschismusgerede über die Ukraine
Quatsch ist.

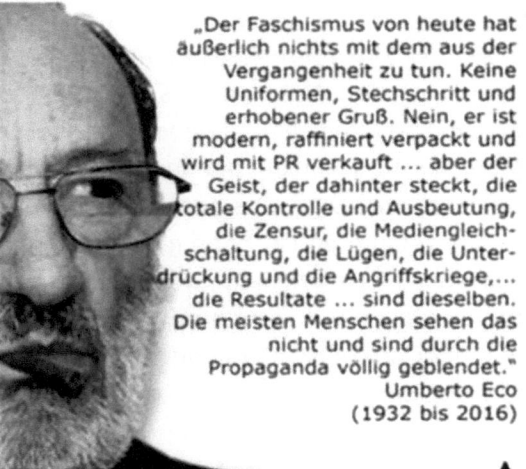

**Umberto Eco, Autor des Buches
"Im Namen der Rose", ,in 2016
gestorben, hat bereits damals
folgendes gesagt:**

„Der Faschismus von heute hat
äußerlich nichts mit dem aus der
Vergangenheit zu tun. Keine
Uniformen, Stechschritt und
erhobener Gruß. Nein, er ist
modern, raffiniert verpackt und
wird mit PR verkauft ... aber der
Geist, der dahinter steckt, die
totale Kontrolle und Ausbeutung,
die Zensur, die Mediengleich-
schaltung, die Lügen, die Unterdrückung und die Angriffskriege,...
die Resultate ... sind dieselben.
Die meisten Menschen sehen das
nicht und sind durch die
Propaganda völlig geblendet."
Umberto Eco
(1932 bis 2016)

Putin distanziert sich ausdrücklich vom Kommunismus,
Marxismus und von Lenin. Das tat es mehrfach in seinen
Reden und Aufsätzen, die er als Hobbyhistoriker verfasst
hat. Im offiziellen russischen Fernsehkanal Rossija24 habe

ich vor einiger Zeit die Solowjow-Talkrunde gesehen, in der explizit die kommunistische Idee von mehreren Teilnehmern als Unfug verrissen wurde. Der bolschewistische Putsch von 1917 wurde in der Sendung als solcher bezeichnet und überhaupt nicht positiv bewertet.

In seiner Rede vor dem Überfall auf die Ukraine am 21.02.2022 hat sich Putin deutlich von Lenin distanziert, dem er nachsagte, durch seine Nationalitätenpolitik einen Sprengsatz an die Sowjetunion angelegt zu haben. In die Verfassung der Sowjetunion hat Lenin nämlich 1922 gegen den Widerstand von Stalin den Passus aufnehmen lassen, jede nationale Republik der Sowjetunion habe das Recht, den Verband der Sowjetunion zu verlassen. Unter Berufung auf diesen Verfassungsartikel seien die Republiken 1991 aus der Sowjetunion ausgetreten, was zu deren Zerfall geführt habe und was laut Putin „die größte geopolitische Katastrophe des 20. Jahrhunderts" gewesen sei. Stalin dagegen habe von vornherein die Möglichkeit des Ausscheidens der Republiken ausschließen wollen, sich aber gegenüber Lenin nicht durchsetzen können. Aus genannten Gründen gibt es im heutigen Russland keinen Lenin-Kult mehr, während Stalin immer stärker rehabilitiert und verehrt wird. Die Verehrung Stalins hat aber heute nichts mit egal welcher Variante des Bolschewismus oder Marxismus zu tun. Stalin wird verehrt, weil unter seiner Herrschaft die Sowjetunion, also das russische Imperium, zur Weltmacht aufgestiegen ist. Das Ziel Putins ist, zumindest in dieser Beziehung, Stalin nachzueifern und Russland wieder zu einem Imperium mit Weltgeltung und Welteinfluss zu machen. Weil dieses Ziel von Russland nicht wie von China durch die Wirtschaft zu erreichen ist, versucht das Russland durch eine überdimensionale Militärmacht und durch Abhängigkeiten besonders des westlichen Auslands von russischen Rohstoffen.

Das Ideenspektrum Putins ist überhaupt nicht bolschewistisch, auch nicht marxistisch. Es ist ein übersteigerter russischer, imperialer Chauvinismus, ein Streben nach dem Wiedererwachen einer mythischen „russischen Welt", nach dem Einfluss Russlands über ganz „Eurasien", von Portugal bis Wladiwostok. Und Putin meint, dass es ein Recht Russlands ist, nicht weniger als das zu verlangen. Für seine imperialen, expansionistischen Ideen lässt sich Putin von der russisch-orthodoxen Kirche segnen. Er bezieht sich in jeder seiner großen Reden auf die Kirche und auf das Christentum, dessen Ideen er vor der Entchristlichung des Westens zu verteidigen meint. Er sieht Russland als ein Bollwerk der christlichen Moral und Tradition, gegen den heidnischen, auf den Mammon und das Ausleben perverser Gelüste konzentrierten westlichen Liberalismus. Um das alles in Russland durchzusetzen braucht Putin ein straffes diktatorisches System, mit Menschen, die sich mit patriotischer Aufwallung für „Mutter Russland" einsetzen. Putin fühlt sich auch als Garant und Vollstrecker der Tradition des „Großen Vaterländischen Krieges" gegen den deutschen Nationalsozialismus. Nach seiner Auffassung ist der Krieg gegen die Ukraine ein moralisches Imperativ. Russland sei als Träger der Tradition des „Großen Vaterländischen Krieges" befugt und verpflichtet, den Nazismus überall und ganz besonders in der ukrainischen Nachbarregion, der eine eigenständige Staatlichkeit abgesprochen wird, auszurotten. Der Einmarsch in die Ukraine ist folglich kein Krieg, sondern eine „militärische Spezialoperation" und eigentlich nur eine durch die Armee unterstützte Polizeiaktion, um die ukrainische Provinz Russlands von der Clique von „Alkoholikern und Drogensüchtigen", die 2014 durch einen faschistischen Putsch an die Macht gekommen sei, zu befreien.

Ist das nicht in sich schlüssig? Das ist die Denkweise Putins und seiner Regierungsmannschaft. Der Marxismus, Bolschewismus oder Stalinismus bieten Putin nicht einen Glauben und nicht eine Ideologie, sondern nur einen Instrumentenkasten, um seine Herrschafts- und Expansionsansprüche durchzusetzen.

Putin geht es nicht um die Wiederherstellung des Kommunismus. Es geht ihm um die Vernichtung des Westens und die Dominanz Russlands.

Putin sei „grausam" und „unterdrückerisch": So warnte der inzwischen verstorbene CSU-Politiker Otto von Habsburg schon vor knapp 20 Jahren vor Russlands Präsidenten. Die Entwicklungen in Russland nach der Wahl Putins verglich er mit der Machtergreifung Hitlers in der Weimarer Republik.

„Wir haben ein großes Problem mit dem mächtigen Nachbarn Russland." Was heute eine Binsenweisheit ist, hatte der frühere CSU-Europapolitiker Otto von Habsburg schon 2003 erkannt – wenige Jahre, nachdem Wladimir Putin zum ersten Mal als russischer Präsident gewählt wurde. „Wir müssen vor Augen haben, dass es eine echte, internationale Gefahr weiterhin gibt", warnte er bei einem Vortrag im österreichischen Bregenz. „Denn die Führung in Russland ist in ganz eigenartigen Händen."

Wären die deutschen Spitzenpolitiker beizeiten zum gleichen Schluss gekommen, wären heute Deutschland und Europa manche Zumutungen erspart geblieben.

2.5. Ein Versuch, Putins Gedanken zu lesen

Es stellt sich die Frage: Hat Putin wirklich Angst vor der NATO?

Die Meinung von M. (einem „Putin-Versteher" im Email-Verteiler) interpretiere ich so: Beide Seiten, Russland und Ukraine, sind an dem Konflikt schuld. Was wie ein Salomonisches Urteil daherkommt, ist eine grobe Entstellung der Wahrheit. Egal was man der Ukraine, ihrer Regierung, den radikalen ukrainischen Nationalisten unterstellt. Eines haben sie mit Sicherheit nicht beabsichtigt: Russland anzugreifen. Daraus ergibt sich aber eine eindeutige Asymmetrie der Lage, denn Russland hat bereits 2014 die Ukraine durch die Abspaltung der Krim und durch die Gründung prorussischer nur zum Schein unabhängiger „Volksrepubliken" im Osten der Ukraine angegriffen. Und es wurde schon damals in Russland darüber diskutiert, auch den russischsprachigen Süden der Ukraine zu besetzten, um eine Landverbindung zwischen Russland und der Krim zu schaffen. Es wurde sogar damals öffentlich darüber spekuliert, die Ukraine entlang des Dnjepr zu Teilen und nur den Westteil der Ukraine zu überlassen, den russischsprachigen Osten und Süden dagegen, der historisch wesentlich stärker durch Russland geprägt wurde als der Westen, an Russland anzuschließen. In seinen Reden vom 21.02.2022 und 24.02.2022 ging Putin noch weiter: Mit geklitterten „historischen" Argumenten sprach er als Hobbyhistoriker der Ukraine eine Daseinsberechtigung als unabhängiger Staat schlicht ab, interpretierte vielmehr die Ukrainer als nur einen russischen Dialekt sprechende Russen und das Territorium der Ukraine als untrennbaren Teil Russlands, weil nämlich die Kiewer Rus die Wiege Russlands gewesen sei. Damit war auch die Zielrichtung der russischen „militärischen Spezialoperation" gegen die Ukraine eindeutig definiert: Die Beseitigung der unabhängigen Staatlichkeit der Ukraine. Die von Putin genannten Ziele: Neutralisierung, Demilitarisierung und Denazifizierung der Ukraine sind dabei nur Floskeln, um das eigentliche Ziel, die komplette Russifizierung der Ukraine, vermeintlich sicherheitspolitisch zu begründen. Der amerikanische Historiker Timothy Snyder hat Putins an die Ukraine gerichteten Vorwurf des Nazismus so interpretiert: Für Putin ist jeder Ukrainer, der nicht zugibt, dass er ein Russe ist, ein Nazi.

Da ich nicht Putins Gedanken lesen kann, weiß ich nicht, ob Putin tatsächlich Angst vor der NATO, insbesondere vor der NATO-Osterweiterung hat. Eine solche paranoide Haltung ist natürlich möglich, obwohl jeder politisch informierte Mensch, auch in Russland, wissen müsste, dass für die deutsche Bundeswehr bis zum Überfall Russlands auf die Ukraine Kindergärten wichtiger waren als intakte militärische Ausrüstung. Zudem müsste es jedem politisch denkenden Menschen aufgefallen sein, dass Russlands vermeintliche Probleme mit der NATO von Russlands selbst kreiert wurden. Denn der Beitritt der ehemaligen Ostblock- und der baltischen Staaten zur NATO ist ein Resultat ihrer aus historischer Erfahrung folgender Angst vor dem großen russischen Nachbarn, einer Angst, die Putin durch seine offen vorgetragenen Großmachtambitionen selbst geschürt hat. Denn schon 2005 verkündete er, der Untergang der Sowjetunion sei „die größte geopolitische Katastrophe des zwanzigsten Jahrhunderts". Diese Äußerung war nichts anderes, als ein in einen Satz komprimiertes politisches Programm: Es geht Putin seit Anfang seiner Position als Präsident Russlands im Jahr 2000 um die Wiederherstellung der Größe und der Weltgeltung Russlands in den Dimensionen der untergegangenen Sowjetunion. Der Angriff auf die Ukraine ist ein daraus folgender logischer Schritt, nachdem das Land Ambitionen auf den Beitritt zur EU und zur NATO geäußert hat. Dass die Ukraine aufgrund des 1994 unterzeichneten Budapester Memorandums die auf ihrem Territorium gelagerten sowjetische Atombomben an Russland übergeben hatte und im Gegenzug von Russland eine Garantie der Unverletzlichkeit ihrer Grenzen erhielt, galt 2014, als Russland die Krim besetzte und die Abspaltung der „Volksrepubliken" im Osten der Ukraine in die Wege leitete, nicht mehr. Putin hat damit 2014 bewiesen, dass für ihn nur die von ihm selbst definierten Interessen Russlands gelten, nicht internationale Verträge. Diese Haltung bestätigte er noch einmal eindringlich durch den Überfall auf die Ukraine am 24.Februar 2022. Kein Wunder, dass man selbst in den traditionell neutralen Staaten Schweden und Finnland darüber nachdenkt, bald der NATO beizutreten, um angesichts der russischen territorialen Expansionspläne vor einem Angriff Russlands sicher zu sein. Die von Russland beklagte Expansion der NATO in Richtung seiner Grenzen ist somit eine Folge der russischen Politik.

Wenn Russland sich derzeit im Rahmen der „militärischen Spezialoperation", als die der Krieg in russischen Medien bezeichnet wird, „nur" auf den Osten und den Süden der Ukraine konzentriert, sind damit die wichtigsten Interessensphären Russlands in der Ukraine abgesteckt. Zu ihnen zählt schlimmstenfalls im Süden auch eine Landbrücke von den „Volksrepubliken" inklusive Odessa bis zu der russischen Enklave Transnistrien, wodurch die Ukraine jeden Zugang zum Meer verlieren würde und damit einschließlich Weißrussland fast rundherum von Russland eingekreist wäre. Da ein solcher Zustand für die Ukraine unannehmbar ist, wäre selbst nach einem Waffenstillstand die Fortsetzung des Krieges unausweichlich und vorprogrammiert. Putin müsste früher oder später das von ihm selbst kreierte Problem lösen, indem er die ganze Ukraine Russland einverleibt. Es steht damit in der Ukraine ein noch schlimmerer Krieg bevor als der jetzige.

2.6. Putin ist ein konservativer Nationalist

Es gibt Menschen, die ihr Weltbild so sehr schützen, dass sie durch kein Argument von ihren Irrtümern abzubringen sind. Der größte Irrtum der Gegenwart ist die Annahme, Putin sei ein progressiver Linker und Russland der Fortsetzer der sozialistischen Ideen der Sowjetunion, die von den Linken bis heute als progressiv angesehen werden.

Der slowenische Philosoph Slavoj Žižek demontiert systematisch diese grundfalschen Annahmen. Žižeks durch die politische Praxis sowie Putins Auftritte und Schriften begründete These lautet: Putin ist ein konservativer Nationalist und als solcher ein Erbe der gefährlichsten chauvinistischen Politiker des 20.Jahrhunderts. Es sollte auch jedem Linken längst aufgefallen sein, dass die größten westlichen Freunde Putins die Anhänger rechtspopulistischer Parteien sind, darunter AfD und die französische Rassemblement National.

2.7. Putin verstehen?

(Email von G. Berger an Ch.)

Putin hat 2005 gesagt, der Zerfall der Sowjetunion sei die „größte geopolitische Katastrophe des 20. Jahrhunderts" gewesen. Das hat er nicht nur gesagt, er hat es auch so gemeint. Und spätestens von da an plante er, diese „Katastrophe" rückgängig zu machen. Putins Agenda ist glasklar: Er will das Territorium der Sowjetunion wieder haben und er will den ehemaligen Ostblock als Teil des russischen Einflussbereiches wieder haben. In diesem Lichte betrachtet werden die Konflikte in den Staaten an den Grenzen Russlands verständlich. Man braucht sich keine amerikanischen Agenten als Urheber der Konflikte zurecht zu fantasieren. Wer Russlands Vorgehen gutheißt, befürwortet auch Putins oben genannte Ziele und meint, dass Russland das Recht hat, den Status des Imperiums zurückzufordern und dass alle, auch militärischen Schritte seitens Russlands legitim sind, um das zu erreichen. Sie sind legitimiert durch das Recht des Stärkeren. Da prallen zwischen den Befürwortern und Gegnern russischer Politik zwei Welten aufeinander.

In seiner russlandfreundlichen Argumentation übersieht Lafontaine, dass er den Westeuropäern empfiehlt, Russland zu behandeln, als sei es ein Hort von Psychopathen, die bei jedem falschen Wort beleidigt sind und sich dann nur noch mit Atombomben zur Wehr setzen können. Wieso muss die ganze Welt Rücksicht auf Russland nehmen und nicht Russland auf die ganze Welt?

Und die Geschichte, dass die Amerikaner um jeden Preis ein Bündnis Westeuropas mit Russland verhindern wollen, ist ein Mythos, der auch im rechtskonservativen Milieu identisch kolportiert wird. Und warum nicht ein Bündnis Europas mit den USA und Russland? Weil leider Russlands politische Struktur und Werteorientierung mit der westlichen nicht kompatibel ist. Der Westen, einschließlich der USA haben es doch mit G8 versucht, Russland in den Klub der wichtigsten Staaten aufzunehmen. Aber da kam die Besetzung der Krim und die Abspaltung der Ostprovinzen der Ukraine dazwischen. Und wenn Lafontaine sich so sehr für das Recht Russlands auf die Krim einsetzt, warum soll die Krim nicht tatarisch oder türkisch sein? Das war sie doch viel länger als russisch. Und warum soll Königsberg nicht deutsch sein? Und wenn er sich so vehement gegen die Osterweiterung der NATO stellt, warum fordert er nicht eine Demilitarisierung von Kaliningrad und einen Abzug der russischen Atomwaffen aus Kaliningrad hinter den Ural? Warum will er nicht sehen, dass die russischen Atomwaffen ganz bewusst in der Enklave Kaliningrad lagern, um dem Westen und besonders den Balten und Skandinaviern Angst zu machen? Er sieht es nicht, weil er genau das praktiziert, was er der Bundesrepublik in Bezug auf die USA unterstellt nämlich, dass er ganz in den Hintern Russlands gekrochen ist.

2.8. Putins Visionen

Eindrücke aus der Rede Putins am 21.02.2022

Am Abend des 21.02.2022 (drei Tage vor dem russischen Überfall auf die Ukraine) habe ich im russischen Fernsehkanal Rossija24 über eine Satellitenantenne die Rede von Putin gesehen und gehört. Aus dem Inhalt, der Dramaturgie und der Vortragsart der Rede muss man schlussfolgern, dass der Zerfall der Sowjetunion Putin ganz persönlich seelische Schmerzen bereitet, die vermutlich nur dadurch zu heilen sind, dass Russland die Größe, Stärke und Weltbedeutung der untergegangenen Sowjetunion für Russland wiedergewinnt. Das ist offensichtlich Putins persönliche Mission, der er seine Präsidentschaft widmet.

In Putins Geschichtsbetrachtung, die er in dieser und früheren Reden, wie auch in seinem historischen Aufsatz niedergelegt hat, ist kein Platz für die Legitimität eines ukrainischen Staates. Eine unabhängige Ukraine habe es in der vor-sowjetischen Zeit nach dem Ersten Weltkrieg nur in Ansätzen und kurze Zeit gegeben. Und eigentlich sei, wie Putin meinte, die Ukraine eine Schöpfung der Bolschewiken. Diese hätten 1922 die Ukrainische Sowjetrepublik gegründet, allerdings auf einem erheblich kleineren Territorium als die heutige Ukraine. Den Ostteil, inklusive des Donbas und Charkow, sowie den Südteil, inklusive Odessa und Mariupol, hätten die Bolschewiken unter Lenin an die Ukrainische Sowjetrepublik angegliedert. Das seien aber ur-russische, mit Russen aus Fleisch und Blut besiedelte Gebiete. Der Süden sei im 18. Und 19. Jahrhundert als Noworossija (deutsch Neues Russland) von russischen Kolonisten besiedelt worden. 1939 sei der

Ukraine ein Teil Polens, Rumäniens und der Tschechoslowakei hinzugefügt worden, wofür Polen nach dem Zweiten Weltkrieg mit deutschen Gebieten entschädigt worden sei. Ohne die Bolschewiken gebe es heute keine Ukraine. Außerdem, so Putin, habe Lenin einen entscheidenden Fehler gemacht. Während Stalin nach dem „bolschewistischen Umsturz", so Putin wörtlich, als Volkskommissar für Nationalitätenfragen den nationalen Gebieten lediglich den Status der Autonomie innerhalb des Zentralstaates geben wollte, habe sich Lenin mit seiner Konzeption von selbstverwalteten, quasi freien Republiken innerhalb des Unionsstaates durchgesetzt, mit Republiken der Nationalitäten, die laut dem Unionsstatut von 1922 das Recht hatten, aus der Union auszutreten. Das sei aber ein bedauernswerter Kardinalfehler von Lenin gewesen, der es überhaupt möglich gemacht habe, dass in der Krisenzeit Anfang der neunziger Jahre die Sowjetunion in einzelne Staaten zerfiel. Ohne das von Lenin durchgesetzte Recht der einzelnen Sowjetrepubliken auf den Austritt aus der Union wäre nach Ansicht Putins der Zerfall der Sowjetunion nicht möglich gewesen. Das ist natürlich eine von Putins Geschichtsspekulationen, bei denen er für die heutigen, von ihm für unannehmbar gehaltenen Verhältnisse die Ursachen in der fernen Vergangenheit auszumachen meint. Zudem beschreibt Putin die Grenzen der einzelnen Republiken der Sowjetunion als absolut willkürlich gezogen, ohne irgendwelche historischen oder ethnischen Bezüge. So sei auch die Ukraine dank der Bolschewiken auf einem Territorium entstanden, das ausschließlich einen Bezug zur russischen Geschichte gehabt habe. Und dieses Territoriums sei zudem ohne irgendeine Begründung von Chruschtschow um die Krim erweitert worden, einen

Landstrich mit einer nach der Eroberung durch Russland im 18. Jahrhundert rein russischen Geschichte. Somit meint Putin bewiesen zu haben, dass die Ukraine eine Luftnummer sei, ein Staat ohne einen eigenständigen historischen Bezug, auf einem ur-russischen Territorium.

Bezogen auf die Gegenwart meinte Putin, 2014 sei in der Ukraine die legitime demokratische Regierung durch einen Putsch gestürzt worden, der von Faschisten, Verehrern von Nazikollaborateuren, mit massiver ausländischer Hilfe inszeniert worden sei. Dabei seien Tausende Gegner der Putschisten massakriert worden, unter anderem auf dem Maidan und in Odessa. Der Putsch habe die Ukraine in ein bis heute andauerndes Chaos gestürzt, mit Korruption, Cliquenwirtschaft und Banditentum, einer Massenemigration von Millionen Menschen und einer Verarmung der Bevölkerung. Putin zeichnete in krassen und eindringlichen Worten das Bild eines gescheiterten Staates, der nichts für seine Bürger tut, aber eine schnell wachsende und immer leistungsfähigere und bedrohlichere Armee unterhält, die vom Westen ausgebildet und ausgerüstet werde. Gegen wen, das sei auch klar, denn der Feind der heutigen Ukraine, wie auch der sie unterstützenden NATO, sei Russland. Umso schlimmer sei es, dass man in der Ukraine mit dem Gedanken an eine atomare Aufrüstung spiele, weil man doch aus der sowjetischen Zeit das Knowhow und die militärische Ausrüstung habe. Unausgesprochen hörte man zwischen den Zeilen der Rede Putins eine Sorge um die doch nach Putin dem russischen, orthodoxen Kulturkreis angehörenden Menschen in der Ukraine, die man nur durch einen Sturz ihres abenteuerlichen „Regimes" von ihrem schweren Schicksal erlösen könnte.

In der theatralisch inszenierten Rede Putins gab es einen Moment, in dem man als Zuhörer glauben konnte, er habe sich zu einer friedfertiger Lösung der Krise im Interesse aller Beteiligte entschlossen. Er sprach von dem Interesse und Prinzip Russlancs, alle Problem mit friedlichen Mitteln, durch Diplomatie und Verhandlungen zu lösen. Dann aber bescheinigte er dem Westen und der Ukraine, besonders aber den USA, an einer friedlichen Konfliktlösung nicht interessiert zu sein. Sanktionen gegen Russland seien beschlossen, unabhängig davon was Russland tue oder lasse. Russland werde nicht dafür bestraft was es tut, sondern dafür, dass es existiert. Das sei bereits in einem Gespräch mit Clinton klargeworden, als Putin ihn fragte, ob Russland der NATO beitreten könne und Clinton sinngemäß antwortete, man könne in der NATO einen so großen Staat wie Russland nicht gebrauchen.

Bezogen auf die selbsternannten Republiken Donezk und Lugansk schilderte Putin eine Horrorsituation des Dauerbeschusses durch ukrainische Truppen mit einem genozidalen Charakter. Das war die von Putin oftmals wiederholte Beschuldigung an die Adresse der Ukraine. Die Bürger beider „Volksrepubliken" kämpften um das nackte Überleben und um die Freiheit, ihre russische Identität, die in der Ukraine verboten sei, zu verteidigen. Die Welt sehe dem Massaker an der Bevölkerung beider Republiken tatenlos zu. Damit bezog sich Putin, ohne es explizit zu sagen, auf die Begründung für den Eintritt der NATO 1999 in den Krieg gegen Serbien zum Schutz der Kossovaren. Putins Beschreibung der Horror-Situation, in der die Zivilisten beider Republiken zu leben hätten, Kinder, Frauen und alte Menschen, war das Präludium zu dem Höhepunkt der Rede, der Erklärung, beide Republiken als unabhängige Staaten anzuerkennen und mit ihnen jeweils einen Freundschafts- und Beistandspakt zu unterzeichnen. Es folgte der feierliche Akt der Unterzeichnung der Vertragsdokumente durch Putin und Vertreter beider Republiken. Dass der Beistand Russlands einen Einmarsch russischer Truppen in die beiden selbsternannten Volksrepubliken zur Folge haben würde, stand außer Zweifel.

Im Anschluss an die Rede Putins und die Zeremonie der Unterzeichnung der Dokumente schaute ich mir im ukrainischen Fernsehkanal Ukraina24 ein Interview mit Arsen Awakow, bis Mitte 2021 ukrainischer Innenminister, an. Interessant dabei war, dass Awakow, wie zahlreiche Gäste des Fernsehsenders, vor der Kamera russisch sprach, womit die Aussage Putins und der russischen Medien Lügen gestraft wird, in der Ukraine sei die russische Sprache verboten. Ich hätte Awakow nicht verstehen können, hätte er ukrainisch gesprochen.

In ungewöhnlich ruhiger, unaufgeregter Art kommentierte Awakow Putins Auftritt und die nach der Anerkennung der Unabhängigkeit beider abtrünniger, selbsternannter „Volksrepubliken" zu erwarteten Konsequenzen. Dabei sparte er nicht mit Seitenhieben auf den ukrainischen Präsidenten Selenski, dem er ein diplomatisches und staatsmännisches Geschick absprach. Statt in München zu schwadronieren hätte er sich, wie Awakow meinte, in der kritischen Lage an das Volk der Ukraine wenden müssen. Besonders kreidete Awakow Selenski an, dass er in München den unsinnigen Gedanken an eine atomare Aufrüstung der Ukraine aussprach, falls die Ukraine nicht in die NATO aufgenommen würde. Awakow kommentierte das Auftreten seines Präsidenten mit der Bemerkung, der Schauspieler Selenski solle sich in der Öffentlichkeit nicht wie in einem seiner Filme aufführen.

Der Auftritt von Awakow im ukrainischen Fernsehen war für mich eine Illustration dafür, dass die heutige Ukraine nicht, wie Putin meinte, ein von Faschisten regiertes totalitäres Land ist. Denn ein so kritisches Auftreten gegenüber Putin hätte man sich im russischen Fernsehen nicht vorstellen können. Zumindest eines scheint also in der Ukraine besser als in Russland zu funktionieren: die Meinungsfreiheit.

Awakow wiederholte die ukrainische Position, man brauche für die Verteidigung der Ukraine vor Russland keine fremden Soldaten, wohl aber Waffen. Ein russischer Überfall würde eine kaum vorstellbare Härte und Grausamkeit für die Bevölkerung der Ukraine bedeuten, wäre aber auch für Russland sehr verlustreich. Für die Zukunft der Ukraine wünschte Awakow einen vom Westen aufgelegten Marshallplan für sein Land, von dem er sich einen ähnlich steilen wirtschaftlichen Aufstieg, wie den Westeuropas nach dem Zweiten Weltkrieg erhoffen würde.

Eine demokratische, in sich stabile und wirtschaftlich florierende Ukraine wäre langfristig sicher eine bessere Antwort auf die russischen Expansionsgelüste als alle denkbaren Sanktionen seitens des Westens. Im Interesse der europäischen Sicherheit sollte darüber hinaus nachgedacht werden, wie man Russland auf einen anderen Weg lenken könnte, weg von militärischen, hin zu wirtschaftlichen Ambitionen, damit die Bewohner des rohstoffreichen, flächenmäßig größten Landes der Erde nicht auf ihre starke Armee, sondern auf ihre wirtschaftlichen, wissenschaftlichen und kulturellen Leistungen stolz sein können.

2.9. Tag der Befreiung?

Beitrag für die Zeitschriften „Stacheldraht" und „Zeitzeugenbrief", 11.04.2022

Im August 1944 wurde unsere jüdische Familie, meine Eltern, meine Schwester und ich, in Frankreich von den amerikanischen Truppen befreit. So hatten wir also allen Grund, den 8. Mai jährlich als den Tag des Sieges und der Befreiung vom Nationalsozialismus zu feiern.

Der 8., in Russland 9. Mai, ist aber schon durch die sowjetischen Machthaber, besonders aber durch Putin, kontaminiert worden und kann deshalb nicht mit gutem Gewissen als ein Tag der Befreiung begangen werden. In Russland als dem Nachfolgestaat der Sowjetunion ist es ein traditioneller Tag der Demonstration des militärischen Größenwahns und der imperialen Massenhysterie, begangen mit ausufernden Militärparaden und obligatorischen Messendemonstrationen der „Werktätigen".

In den 1945 von den Nazis befreiten osteuropäischen Staaten erinnert man sich dagegen seit 1990 an diesem Tag auch an den Beginn der sowjetischen Okkupation, die alles andere als eine Befreiung gewesen ist. Das gilt auch für den östlichen Teil Deutschlands. So mutig und für die Deutschen historisch auch die Rede des Bundespräsidenten Richard von Weizsäcker vom 8. Mai 1985 gewesen sein mag, in der er den 8. Mai 1945 als den Tag der Befreiung auch Deutschlands vom Nationalsozialismus bezeichnete, darf nicht vergessen werden, dass dieser Tag auch der Vorbote der Teilung der Welt in Ost und West und der Tag des Sieges des russischen imperialen Großmacht-Chauvinismus gewesen ist.

Durch Putins Politik, besonders durch den Überfall Russlands auf die Ukraine, den er am 9. Mai 2022 als einen Sieg im Kampf gegen die „ukrainischen Nazis" ganz im Sinne des Sieges gegen die deutschen Nationalsozialisten feiern möchte, sollte der 8/9. Mai auch für antifaschistisch gesinnte Menschen in Deutschland einen Teil seiner positiven Symbolik eingebüßt haben. Die Moskauer Militärparade am 9. Mai 2022 wird weder ein Symbol des Friedens, noch des Antifaschismus und schon gar nicht der Völkerverständigung sein.

2.10.   Am 30. Tag des Krieges in der Ukraine

Lieber C.,

Meine Schwester, die sich nur vom russischen Fernsehen informieren lässt, hat am 24.02.2022, dem Tag des Überfalls Russlands auf die Ukraine zu mir gesagt, der Krieg, in russischer Diktion die „militärische Spezialoperation", würde in wenigen Tagen vorbei sein. Sie glaubte, das war ja die Meinung, die in russischen Medien verbreitet wurde, die Ukrainer, die eigentlich Russen seien, würden die russischen Truppen, mit russischen Flaggen winkend, als Befreier empfangen. Ich habe ihr darauf geantwortet, es sei von Russland unverantwortlich einen solchen kriegerischen Konflikt zu entfachen, der vermutlich mindestens ein Jahr dauern würde, weil sich die Ukrainer heftig wehren würden. Sie hatte für meine Einwände nur Hohn übrig. Doch wenn Putin nicht bald einlenkt, wird sich wohl meine pessimistische Prognose als wahr erweisen.

Gestern, nach über einem Monat des Krieges, wiederholte meine Schwester die offizielle russische Meinung, am Ende des Krieges würde sich noch zeigen, dass die Ukrainer die russischen Truppen als Befreier begrüßen würden.

Im russischen Fernsehen, unter anderem in der berühmt-berüchtigten Solowjow-Talkshow, werden die Tatsachen systematisch umgedreht: Aggressoren sind die NATO und die Ukraine, Russland ist der Verteidiger der Freiheit und der Menschenrechte. Das Ziel der NATO sei schon seit Langem die Zerstörung Russlands und Aufteilung des Landes in Teilstaaten. Russland müsse sich verteidigen. Die Ukraine habe, das sei durch aufgedeckte Dokumente bewiesen, den Plan gehabt, am 28.02.2022 eine Offensive gegen die Republik Donezk zu starten, zum Zweck der Rückeroberung von Donezk und Lugansk. Die russische „Spezialoperation" sei der ukrainischen Militäroperation zuvorgekommen, habe demnach einen präventiven Charakter, um den geplanten Angriff und vielleicht sogar einen Völkermord zu verhindern.

Die amerikanische Kriegsführung in Jugoslawien, Afghanistan und Irak wird im russischen Fernsehen als barbarisch beschrieben, weil sie durch Flächenbombardements unzählige Opfer und vermeidbares Leid produziert habe. Russlands militärische Einsätze seien dagegen, besonders jetzt in der Ukraine, lediglich auf die Zerstörung der militärischen Infrastruktur und der „nazistischen" militärischen Formationen ausgerichtet. Die Zivilbevölkerung werde bei den russischen Angriffen verschont und im Gegenteil, wie aktuell in den „befreiten" Teilen von Mariupol, großzügig mit Lebensmitteln und Medikamenten versorgt. Die zivilen Opfer und die maßlose Zerstörung der Stadt Mariupol seien die Folge der ukrainischen Angriffe und dessen, dass sich die „ukrainischen Faschisten" der Zivilisten als Schutzschilder bedienten. Die Ukrainer würden die Zivilisten in Häusern einsperren, sie an der Flucht gewaltsam hindern und sie bei der Flucht beschießen. Kein Wort wird über die vollständige Zerstörung der Städte Grosny und Aleppo durch russische Streitkräfte verloren. Und nach wie vor wird behauptet, es gebe in der Ukraine geheime amerikanische Labore zur Herstellung bakteriologischer Waffen. Mit anderen Worten: Die Ukraine sei ein Schurkenstaat, der als solcher nicht die Existenz verdiene.

Selenski wird im russischen Fernsehen als ein den Staatsmann spielender Komödiant beschrieben, als ein Kriegshetzer, der die NATO zum Eingreifen aufstachelt und damit bewusst oder in seiner Dummheit den dritten Weltkrieg riskiere. Seine Auftritte werden so kommentiert, als handle sich bei ihm um einen aus der Psychiatrie entlaufenen Geisteskranken, zumindest aber um einen übergeschnappten Größenwahnsinnigen. Putin dagegen wird als ein ruhiger, gesetzter, logisch denkender und weitsichtiger Staatsmann präsentiert. Wem von beiden die Sympathie der Fernsehzuschauer gelten soll, ist naheliegend. Und selbstverständlich werden die militärischen Erfolge der glorreichen russischen Armee mit Videos und Lagebeschreibungen von Militärexperten präsentiert. Mit besonderem Stolz werden dabei die Starts und die Einschläge der Raketen präsentiert. Der gestrige Gefangenenaustausch wird als eine herausragend humane Geste Russlands kommentiert. Die Eltern der ausgetauschten ukrainischen Soldaten seien von den Russen angerufen worden, um sie abzuholen. Dass die Ukrainer schon einige Wochen früher die Eltern russischer Gefangener angerufen hatten, damit sie abgeholt werden, ist im russischen Fernsehen verschwiegen worden. Und was im russischen Fernsehen nicht gesagt wurde, das ist nicht wahr. Das jedenfalls ist der Standpunkt meiner Schwester und wie zu befürchten ist, auch der Masse der russischen Fernsehzuschauer. Die westlichen Sanktionen haben bislang nicht vermocht, die Meinung der Russen deutlich zu beeinflussen. Ob sie das überhaupt können, sei dahingestellt.

Abschließend möchte ich erwähnen, dass die AfD im russisch-ukrainischen Konflikt nach wie vor im erheblichen Maße den russischen Standpunkt unterstützt. Denn Putin und sein Mentor Dugin vertreten in gesellschaftlichen Fragen Ansichten, die weitgehend mit denen der AfD deckungsgleich sind. Wohl deshalb hat mir S. neulich einen pro russischen Beitrag der AFD aus dem Internet zugesandt und sich von ihm nicht distanziert. Als ich es in meiner Antwort-Email tat, ließ er sie unbeantwortet. Anscheinend wird man in den AfD-Kreisen auf die „richtige Linie" vergattert und darf ihr nicht widersprechen.

3. Putins „militärische Spezialoperation"
3.1. Putins Fehlkalkulation

Es ist zu vermuten, dass Putin und sein Umfeld Opfer ihrer eigenen verblendeten Ideologie sind. Sie glaubten, sie würden in der Ukraine von Russen, die keine Ukrainer sein wollen, mit Blumen empfangen werden, ähnlich wie das 1938 beim Anschluss Österreichs gewesen ist. Dann wäre die „militärische Spezialoperation" in wenigen Tagen mit dem Einmarsch in Kiew beendet gewesen. Das ist nicht passiert. Außerdem war es die erklärte Absicht Putins, die NATO nicht weiter nach Osten vorrücken zu lassen. Es wird voraussichtlich mit dem NATO-Beitritt Finnlands und Schwedens das Gegenteil passieren. Putin glaubte, die Drohung mit Kernwaffen würde den Westen vor Angst erstarren lassen. Auch das ist nicht passiert. Also was hat er bislang erreicht? Da der Anschluss der ganzen Ukraine offensichtlich eine zu harte Nuss ist, wird sich Putin zunächst mit der Eroberung der Ost- und Südukraine begnügen. Es kann natürlich schlimmer kommen, wenn die Russen auch Odessa einnehmen und einen Korridor nach Transnistrien schaffen. Da würde nämlich die Ukraine vom Meerzugang abgesperrt sein. Ein Frieden zwischen Russland und Ukraine ist aber auf dieser Basis kaum denkbar. Außerdem würde dann wohl die Republik Moldau das nächste russische Opfer werden. Der Frieden rückt somit weit in die Ferne. Das ist leider die derzeitige Perspektive. Dass die westliche Rüstungsindustrie in dieser Situation floriert, ist mit Sicherheit kein Plan Putins, wie auch die Gewinne, welche die amerikanische und arabische Öl- und Gasindustrie, statt der russischen, kassiert. Und die Globalisierung bekommt einen Dämpfer. Die guten Zeiten sind vorbei.

3.2. Putins Geisterfahrt

(15.03.2022; Erschienen auch in den Zeitschriften „Stacheldraht" und „Zeitzeugenbrief")

Mit dem Überfall auf die Ukraine hat Putin sein Land mutwillig aus der Gemeinschaft zivilisierter Staaten herausgeführt. Er träumt von einem Russland in Grenzen des Zarenreiches vor dessen Untergang im Jahre 1917. In seinen Reden und Abhandlungen als Hobbyhistoriker distanziert er sich von dem bolschewistischen Internationalisten Lenin und verherrlicht den russischen Großmachtchauvinisten und blutigen Diktator Stalin. Und er spricht der Ukraine jede Daseinsberechtigung als unabhängigem Staat ab. Die Existenzangst der ehemals dem sowjetischen Imperium oder Einflussbereich angehörenden Anrainerstaaten angesichts des offen artikulierten russischen Expansionsstrebens verhöhnt Putin, indem er deren Streben nach Schutz innerhalb der NATO in eine Bedrohung seines Riesenreiches uminterpretiert. Die „Schuld" der baltischen Staaten und der ehemaligen Ostblockstaaten besteht in Putins Augen darin, dass sie vor dem aggressiven Russland Angst haben. Dass deren Angst absolut berechtigt ist, beweist in diesen Tagen der skrupellose Überfall Russlands auf die Ukraine, die trotz intensiver Bemühungen die NATO-Staaten nicht überzeugen konnte, sie beizeiten in das Verteidigungsbündnis aufzunehmen. Deutschland und Frankreich, die der Ukraine den NATO-Beitritt verweigerten, machten sich damit schuldig, sie der Aggression des unberechenbaren großen Nachbarn ausgeliefert zu haben.

Putins Russland ist im Kollektiv der Staaten der Welt ein Geisterfahrer. Nur wenige Staaten der Welt unterstützen

Russland bei dem von Putin inszenierten Krieg. 141 der 195 Staaten der Welt haben in der UN den Krieg Russlands gegen die Ukraine verurteilt, bei 35 Enthaltungen. Nur fünf stimmten gegen die Verurteilung Russlands: Russland, Belarus, Nordkorea, Syrien und Eritrea. Selbst Chinas Unterstützung für Russland fällt nicht eindeutig aus. Zu groß ist die wirtschaftliche Verflechtung des Landes mit dem Westen. Selbstverständlich wird Putin von den militanten Islamisten der Hisbollah und der Hamas unterstützt, denn der wichtigste Verbündete Israels USA ist deren Feind. Doch Putin lässt sich von der Ablehnung seines Krieges durch die überwältigende Mehrheit der Staaten nicht beirren. Er fühlt sich im Recht, wie ein Geisterfahrer auf der Autobahn, der hunderte Geisterfahrer auf sich zukommen sieht. Sie müssen um zu überleben ausweichen, auf ihn Rücksicht nehmen, weil er nicht wie sie in einem zerbrechlichen PKW, sondern in einem Panzer unterwegs ist. Deshalb meint er im Recht zu sein. Das ist im Wesentlichen das Weltbild Putins. Um ihn zu stoppen braucht man eine wirksame Panzersperre.

Doch es fragt sich, ob dieser Krieg ein Krieg Putins oder ein Krieg Russlands ist. Ist Putin der Alleinverantwortliche für den Krieg? Glaubt man den Aussagen von Russland-Korrespondenten und Russland-Kennern, wird Putins Krieg von bis zu 70% russischer Staatsbürger unterstützt. Jedoch, zu schnelle Schlüsse sind fehl am Platz. Die hinter Putin stehenden Russen sind meist keine blutrünstigen Monster. Sie sind vielmehr Opfer einer zynischen Propaganda, die seit Jahren auf sie einhämmert und aktuell, angesichts des Überfalls auf die Ukraine, einsame Gipfel erreicht. Da wird nicht nur Putins Vision einer von Russland dominierten eurasischen

„russischen Welt" als ein Paradies auf Erden verkauft. Es wird in den Medien nie von einem Krieg gesprochen, sondern von einer „militärisch-technischen Operation" mit dem Ziel, den Frieden in den selbsternannten Volksrepubliken Donezk und Lugansk zu erreichen, die Ukraine zu „denazifizieren", zu entwaffnen und zu neutralisieren. Es ist ein propagandistisches Konstrukt im Stil von Orwells „1984": Krieg ist Frieden.

Die Beschuldigung, die Ukraine sei ein nazistischer Staat bezieht sich auf nationalistische militärische Formationen, wie das Asow-Regiment und auf den in der Ukraine gepflegten Kult des ukrainischen Nationalisten Bandera, eines Nazi-Kollaborateurs. Dass die rechtsradikalen Parteien in der Ukraine bei Parlamentswahlen kaum mehr als zwei Prozent der Stimmen erhalten, also viel weniger als etwa in Deutschland oder Frankreich, dass es darüber hinaus in der vermeintlich nazistischen Ukraine zum Aufblühen der in der sowjetischen Zeit unterdrückten jüdischen Gemeinschaft gekommen ist, dass die jüdischen Einrichtungen, anders als in Deutschland, in der Ukraine nicht unter polizeilicher Bewachung stehen müssen und dass der Präsident der Ukraine ein Jude ist, beweist eindrücklich, dass die Ukraine alles andere als ein Nazi-Staat ist. Aber Putin braucht diese Klitterung von Fakten, um seinem Volk den Krieg gegen die Ukraine als eine Fortsetzung des „großen vaterländischen Krieges" gegen Nazi-Deutschland verkaufen zu können. Denn es sei der humanistische Auftrag Russlands, überall in der Welt gegen den Nazismus zu kämpfen, besonders an seinen Grenzen. Es fragt sich allerdings, warum unter diesen Umständen Vertreter der dem Faschismus zugeneigten europäischen nationalkonservativen Parteien, wie der deutschen AFD und der französischen Ressemblement National seit Jahren zu Putins Ehrengästen zählen. Die Antwort darauf ist einfach: Sie teilen Putins nationalistische, männerzentrierte, schwulenfeindliche, konservative Denkweise, mit anderen Worten sein zutiefst faschistisches Weltbild, mit ihm, Putin, als dem Führer.

Umso erstaunlicher ist die unter den deutschen Linken älterer Generation verbreitete Liebe zu Putins Russland, obwohl Putin das Gegenteil eines kommunistischen Messias ist. Da sie durch den Untergang der DDR, des Ostblocks und der Sowjetunion geistig verwaist sind und in Ostdeutschland auf ihre Privilegien verzichten mussten, klammern sie sich an Russland als den vermeintlichen ideellen Erben der großen Sowjetunion, um vor sich selbst nicht zugeben zu müssen, dass ihr Leben, das sie dem realen Sozialismus gewidmet hatten, umsonst gewesen ist.

So begleiten also die unverbesserlichen DDR-Nostalgiker im unfreiwilligen Bündnis mit nationalkonservativen AFD-Mitgliedern Putin auf seiner Geisterfahrt gegen die friedliebende Welt. Man kann ihnen nur einen baldigen Crash wünschen.

3.3. Russische Verleumdungskampagne gegen den jüdischen Präsidenten der Ukraine Wolodymyr Selenski

(01.03.2022)

Nicht erst seit dem russischen militärischen Überfall auf die Ukraine ist die Berichterstattung im Inhalt und Stil zwischen West und Ost geteilt. Die Demarkationslinie verläuft entlang der Grenzen Russlands und ihrer Satellitenstaaten, zu denen in erste Linie Weißrussland zählt. Es ist wie in Zeiten des kalten Krieges, nur die Informationskanäle und die Sprache haben sich gewandelt, aber kaum die Inhalte.

Den westlichen Vorwurf, in der Ukraine den Krieg begonnen zu haben, kontern russische Medien mit der Behauptung, sich der permanenten Aggression des Westens erwehren zu müssen. Sie bestehe in der Erweiterung der NATO nach dem Osten bis an die Grenzen Russlands, insbesondere im Plan, die Ukraine in die NATO aufzunehmen um sie für einen Krieg gegen Russland aufzurüsten. Die durch die Ost-Erweiterung der NATO bedingte Einkreisung Russland habe zum Ziel, das Land in einen Krieg zu verwickeln und in kleinere Teilstaaten aufzuspalten. Hierzu würden sich die USA der Technik der „Farbrevolutionen" bedienen, die einen „Regime-change" in den bis dahin mit Russland verbündeten Staaten und Regionen Russlands herbeiführen würde, wie 2014 in der Ukraine. Die vom Westen gesteuerten ähnlichen Putschversuche in Weißrussland und im Kasachstan seien mit russischer Bruderhilfe vereitelt worden.

Die von russischer Seite auf etwa 14.000 seit 2014 bezifferte Zahl der Opfer in der Zivilbevölkerung beider abtrünniger ukrainischer Republiken Donezk und Lugansk durch den Dauerbeschuss aus der Ukraine rechtfertige nach der Einschätzung Putins den Vorwurf, die Ukraine begehe an der Bevölkerung beider Republiken systematisch einen Völkermord. Der Beschuss beider selbsternannter Republiken geschehe vorwiegend durch Kämpfer des faschistischen Regiments Asow. Und überhaupt sei die Ukraine spätestens nach dem Putsch von 2014 in die Hände von Nazis gefallen, von Anhängern des Nazi-Kollaborateurs Bandera, der in allen Städten der Ukraine durch Denkmäler, Straßen- und Plätze-Namen sowie Gedenkveranstaltungen geehrt werde. Die in der Ukraine regierenden und in militärischen Formationen organisierten Nazis würden vom Westen finanziert und ausgebildet, als Speerspitze gegen Russland. Die ukrainische Jugend werde im Geist des Nazismus und des Hasses auf Russland erzogen. Die im Ostteile der Ukraine dominierenden russischsprachigen Einwohner würden systematisch diskriminiert und stünden unter einem institutionellen Verbot, in der Öffentlichkeit ihre Muttersprache zu benutzen. Schon der „Putsch" von 2014 auf dem Maidan sei von Rechtsradikalen der Gruppierungen Asow und Swoboda in der Regie amerikanischer Spezialkräfte ausgeführt worden. Russland fühle sich deshalb, im Geist des Sieges über den deutschen Nationalsozialismus im Großen Vaterländischen Krieg gezwungen, die Ukraine zu „denazifizieren". Es sei für Russland nicht hinnehmbar, an seinen Grenzen einen von den USA ausgehaltenen Nazi-Staat zu haben. Und es sei die Pflicht Russlands, den Genozid in der Ostukraine zu stoppen. Es sei deshalb eine moralische Pflicht Russlands, den Nazis in Kiew das Handwerk zu legen, in amerikanischer Formulierung, einen „Regime-change" in der Ukraine herbeizuführen.

Dass der Präsident Wolodymyr Selenski ein Jude ist, sei nur ein Feigenblatt für das nazistische Regime der Ukraine. Selenski, ein Schauspieler und Komiker von Beruf, dass er ein Jurist ist, wird nicht erwähnt, sei in Wirklichkeit ein jüdischer Faschist, der sich für die Alibi-Rolle des Präsidenten, die er als Berufskomödiant spielt, nicht zu schade ist. Zwar hätten in der Geschichte die deutschen Nationalsozialisten die Juden grausam verfolgt, unter den Mussolini-Faschisten habe es aber auch Juden gegeben, die treu zum Duce standen. In dieser Tradition stehe Wolodymyr Selenski. Er sei folglich ein Verräter am jüdischen Volk. Selenski sei ein Russenhasser, behaupten russische Medien, obwohl er selbst aus einer russisch-jüdischen Familie stammt und Russisch nicht Ukrainisch seine Muttersprache ist. Außerdem, das wird in russischen Fernsehsendern ständig wiederholt, sei Selenski und seine Clique eine Bande von „Alkoholikern und Drogenabhängigen", permanent im Rausch und deshalb aggressiv und zu vernünftigen Schüssen unfähig.

Soweit eine Kurzfassung der russischen Propaganda zur Rechtfertigung des Angriffs auf die Ukraine. Man muss wohl kaum nach Argumenten suchen, um dieses Bild zu widerlegen.

3.4. „Was Russland mit der Ukraine tun sollte"

Erschienen am 03.04.2022 in der russischen Zeitschrift Ria Novosti

Autor: Timofjej Sergejzew

Putins Projekt der „Entnazifizierung" der Ukraine ist in der offiziellen russischen Zeitung „Ria Novosti" von Timofjej Sergejzew genau beschrieben werden. Es ist ein selbstherrliches, auf Russland als angeblichen Hort der Güte, Moral und Zivilisation zentriertes, imperialistisches Machwerk, an Brutalität und Mitleidlosigkeit kaum zu überbieten. Es ist vermutlich das gefährlichste politische Programm seit „Mein Kampf".

Hier ein kurzer Auszug:

Im Gegensatz zu, sagen wir, Georgien und den baltischen Ländern ist die Ukraine, wie die Geschichte gezeigt hat, als Nationalstaat unmöglich, und Versuche, einen solchen zu „errichten", führen natürlich zum Nazismus. Der Ukrainismus ist eine künstliche antirussische Konstruktion, die keinen eigenen zivilisatorischen Inhalt hat, ein untergeordnetes Element einer fremden Zivilisation. Die Entbanderung allein wird für die Entnazifizierung nicht ausreichen – das Bandera-Element ist nur ein Darsteller und eine Verkleidung für das europäische Projekt der Nazi-Ukraine, daher ist die Entnazifizierung der Ukraine auch ihre unvermeidliche Enteuropäisierung.

Die Bandera-Eliten müssen eliminiert werden, ihre Umerziehung ist unmöglich. Der gesellschaftliche „Schlamm", der ihn aktiv und passiv durch Handeln und Nichthandeln unterstützte, muss die Härten des Krieges überstehen und die Erfahrung als historische Lehre und Sühne für seine Schuld verarbeiten. Diejenigen, die das Nazi-Regime nicht unterstützt haben, unter ihm und dem von ihm entfesselten Krieg im Donbas gelitten haben, müssen konsolidiert und organisiert werden, müssen die Säule der neuen Regierung werden. Die historische Erfahrung zeigt, dass die Tragödien und Dramen der Kriegszeit Völkern zugute kommen, die von der Rolle eines Feindes Russlands versucht und mitgerissen wurden.

Die Entnazifizierung als Ziel einer militärischen Sonderoperation beinhaltet im Rahmen dieser Operation einen militärischer Sieg über das Kiewer Regime, die Befreiung von Gebieten von bewaffneten Nazi-Anhängern, die Beseitigung unversöhnlicher Nazis, die Gefangennahme von Kriegsverbrechern, und die Schaffung systemischer Voraussetzungen für die spätere Entnazifizierung in Friedenszeiten.

3.5. Für Putin-Fans

(Email vom 18.04.2022)

Lieber S,

schicke doch der Putin-Versteherin Frau Zimmermann den Beitrag aus Ria Novosti zu, den ich Dir gestern geschickt habe. Den kann man wohl nicht anders interpretieren, als dass es ein russisches „Mein Kampf" ist: furchteinflößend, unbarmherzig, aggressiv, mit einer anmaßenden Welterlösungsideologie. Aber ich glaube nicht, dass man Putin- und Russland-Fans mit Argumenten überzeugen kann, auch nicht mit so eindeutigen Beweisen, wie es der russische Beitrag ist. Sie sind für ein demokratisches Weltbild verloren. Das sehe ich fast täglich bei meiner Schwester, die über eine Satellitenantenne nur russisches Fernsehen sieht und nur russische Nachrichten für wahr hält. Deutsche Nachrichten sind für sie a priori Lügen, ebenso polnische oder ukrainische, die sie hin und wieder sieht und verstehen kann. Da kann man nichts machen. Die Treue zur SED und zur Sowjetunion hat sich bei ihr, wie bei vielen anderen Ostdeutschen und bei westdeutschen Altlinken, in eine Treue zu Putins Russland verwandelt, obwohl Putin alles andere als ein Kommunist ist. Aber er hat zumindest die vertraute Melodie der sowjetischen Nationalhymne als russische Hymne behalten und pflegt den Kult des Sieges über die Nazis. Also fühlt man sich als „Antifaschist" ihm verbunden. Man möchte doch den gewohnten Stallgeruch in der Nase behalten und nicht die seit der Kindheit gepflegten Ideale, denen man Jahrzehnte lang angehangen hat, leichtfertig über Bord werfen. Das würde das deprimierende Gefühl vermitteln, umsonst gelebt zu haben. Also igelt man sich ein im Glauben an

Putin als einen Kämpfer für die Wahrheit und das Glück der Menschheit. Der Westen hackt ständig auf Russland herum. Man ist aber nicht einsam, denn man hat neben den alten Genossen das große Russland hinter sich. Deutschland und die anderen europäischen Länder sind dagegen nur lächerlich, Fliegendreck auf dem Globus. Man braucht nur auf die Landkarte zu schauen, um sich davon zu überzeugen. Es ist ein gutes Gefühl, zu den Großen und Starken zu gehören. Der Westen mit seiner Dekadenz und der Unfähigkeit schnell Entscheidungen zu treffen ist dem Untergang geweiht. China und Russland gehört die Zukunft. Also verlebt man den Lebensabend mit dem beruhigenden Gefühl, ein Leben lang auf der richtigen Seite gestanden zu haben.

3.6. Ukraine und Finnland

(Email vom 23.03.2022)

Die Ukrainer machen es bis jetzt richtig. So haben sich auch die Finnen im Winterkrieg 1939/40 gegen Stalins Truppen verteidigt. Das Ergebnis war, dass Finnland nicht wie die baltischen Staaten der Sowjetunion einverleibt wurde und die Unabhängigkeit behielt, allerdings gegen Gebietsabtretungen an die Sowjetunion. Eine ähnliche Konstellation ist in der Ukraine möglich. Allerdings besteht Putin bislang nach wie vor auf einer „Entwaffnung" der Ukraine. Darauf kann sich die Ukraine natürlich nicht einlassen, will sie ein unabhängiger Staat bleiben. Gebietsverluste muss sie allerdings in Kauf nehmen. Doch selbst nach einem hypothetischen Friedensschluss zwischen Russland und der Ukraine muss Russland komplett isoliert werden. Es wird schon darüber nachgedacht, Russland aus dem Sicherheitsrat oder sogar aus der UNO auszuschließen, so wie die Sowjetunion 1939 nach dem Angriff auf Finnland aus dem Völkerbund ausgeschlossen wurde. Das wäre der richtige Weg. Es liegt in der Hand der Russen, nach einem Regierungswechsel von der Völkergemeinschaft voll akzeptiert zu werden.

4. Russophbie und Russophilie
4.1. Sind die Deutschen „russophob"?

(Aus einer Email vom 03.05.2022)

Für Westeuropa ist Russland alle Male von erheblich größerer Relevanz, als der Nahe Osten oder Afrika, bislang vorwiegend in wirtschaftlicher, auf jeden Fall aber in militärischer Hinsicht. Es gibt auf der Welt keinen Staat, der Westeuropa mehr Schaden zufügen könnte als Russland. Das ist hier der Ausgangspunkt. Deshalb sind Vergleiche mit anderen, auch früheren Konflikten kaum zielführend und liefern nur Gegnern des Westens Scheinargumente. Historisch bewanderten Menschen ist es wohl bekannt, dass Stalin einstmals plante, mit seinen Truppen bis zum Atlantik zu marschieren, um ganz Europa die Wohltaten des Sozialismus zu bringen. Stattdessen wurde Europa geteilt und es kam zum kalten Krieg. Der leninistische Sozialismus war ja ein Projekt für die ganze Welt.

Wenn man die Reden und Aufsätze von Putin, aber auch von Putins Spiritus Rektor Dugin liest, weiß man, dass deren Ambition darin besteht, Russland in den Grenzen der Sowjetunion wiederaufleben zu lassen und darüber hinaus die NATO zu zerschlagen, um den Bereich Europas bis Portugal zur russischen Einflusszone zu machen. Wenn man die Worte Putins nicht als heiße Luft, sondern als sein Programm versteht, bleibt Europa nichts Anderes übrig, als sich dagegen zu wappnen. Denn mit dem Vorgehen in der Ukraine hat Putin bewiesen, dass er es mit seinem Programm ernst meint. Man muss nicht „russophob" sein, um zu solchen Schlüssen zu kommen, man muss dafür nur die Aussagen Putins zur Kenntnis nehmen und sie ernst nehmen. In diesem Sinne meine ich, dass die derzeit am meisten russophobe Person Putin selbst ist, weil er Russland den maximalen Schaden zufügt.

Entgegen der russischen Propaganda, zu sehen im russischen Fernsehen, die besonders den Deutschen einen aus der Kaiser- und Nazizeit vererbten antirussischen Reflex unterstellt, habe ich in Deutschland in den vergangenen Jahrzehnten eine geradezu mythische Verehrung Russlands wahrgenommen. Diese sehr verbreitete Tendenz ist nur zum Teil als „mea culpa", ein Schuldgefühl nach Hitlers Krieg zu verstehen. Die ehrfurchtsvollen Worte von der Weite Russlands, von der großen russischen Seele, von der Großartigkeit der russischen Kultur waren, trotz aller Gegensätze, vor dem Ukraine-Konflikt allgegenwärtig, in linken bis hin zu konservativen Kreisen Deutschlands. Russland ist dabei, seine besten Freunde zu verprellen. Das ist, unabhängig von dem Ausgang dieses Krieges, ein Kollateralschaden für Russland für die nächsten Jahrzehnte, falls es dort nicht überraschend zu einem politischen Umschwung und Gesinnungswechsel kommt. Dass die wechselseitige Abschottung für beide Seiten von Nachteil ist, ist offensichtlich. Leider muss aber derzeit das ökonomische Kalkül dem militärstrategischen Denken weichen. Ob wir noch bessere Zeiten erleben werden, steht in Sternen. Viel Zeit dafür haben wir jedenfalls nicht. Und die sollten wir möglichst unbeschwert verleben.

4.2. Ein konservative Putinversteher

Da ich Herrn Schultze-Rhonhof[5] einen hohen Grad an Intelligenz attestiere und ich feststelle, dass er in seiner Argumentation anscheinend einiges verwechselt hat, komme ich nicht umhin, darin eine Absicht zu erkennen. Und noch etwas: Es sollte alle konservativen Menschen nachdenklich stimmen, dass die Argumente der konservativen „Putinversteher" mit denen der linken „Putinversteher" weitgehend deckungsgleich sind. Und eine solche Gleichheit von linken und rechten Gedankengängen war immer ein untrüglicher Beleg für totalitäre Ansichten. Dass sollte auch Herr Schulze-Rhonhof bedenken, der sich wohl als einen Konservativen verortet.

Wollte man auf alle Argumente von Schultze-Rhonhof reagieren, wobei sicher nicht alle zu widerlegen sind oder in diesem Kontext widerlegt werden müssen, müsste man sehr weit ausholen und ein ganzes Buch verfassen. Aus aktuellem Anlass, der Rede von Bundeskanzler Scholz zum Jahrestag der Kapitulation der deutschen Nazi-Armee, ergänze ich hier etwas, was Herr Schultze-Rhonhof nicht geschrieben und ebenso Scholz aus falschem Respekt verschwiegen hat. Scholz beschrieb den 8. Mai sinngemäß als den Tag des Sieges über die totalitäre Diktatur und ihr Bestreben nach Unterjochung der Völker und nach Weltherrschaft. Das ist aber nur zum Teil richtig. Denn die Sowjetunion, das östliche Land der stalinistischen totalitären Diktatur konnte sich neben den Westmächten als Sieger feiern, und sie strebte in den von ihr besetzten

---

5   Gerd Schultze-Rhonhof (Geb. 1939) ist ein ehemaliger Generalmajor der Bundeswehr und geschichtsrevisionistischer deutscher Autor, der z.B. die Schuld Nazi-Deutschlands am Ausbruch des 2. Weltkrieges bestreitet.

Gebieten alles andere als Freiheit und Demokratie und nicht eine Eigenständigkeit der Völker an. Die europäische Nachkriegsordnung nach 1945 war somit, zumindest für die von der Sowjetunion besetzten Staaten, in der Umkehrung der Formel von Clausewitz, die Fortsetzung des Zweiten Weltkrieges mit anderen Mitteln. So gesehen war der Zweite Weltkrieg erst mit dem Zerfall des Ostblocks und der Sowjetunion zu Ende, als die osteuropäischen, einschließlich der baltischen Staaten ihre Eigenständigkeit wiedererlangt hatten.

Nun kann man, wie es auch Herr Schultze-Rhonhof tut, dem um die Staaten Osteuropas erweitertem Westen vorwerfen, mit der NATO-Osterweiterung die Chance auf ein kooperatives Europa ohne ideologische Grenzen und Demarkationslinien verpasst, ja sabotiert zu haben. Argumentiert man so, dann unterstellt man, dass es eine solche ernstzunehmende Absicht in Russland gegeben hat, die aber durch die Abgrenzung, ja Bedrohung Russlands durch die NATO hintertrieben wurde. Dabei wird aber bewusst ignoriert, dass es bei den ehemaligen Ostblockstaaten und besonders bei den Balten berechtigte Ängste vor revisionistischen Tendenzen in Russland gegeben hatte, Tendenzen mit der Zielrichtung, das alte Zarenreich und den Ostblock als russische Einflusszone wiederherzustellen. Und in der Tat war bei vielen mehr oder weniger einflussreichen Russen nach dem Zerfall der Sowjetunion ein Phantomschmerz über das verlorene Reich wahrzunehmen, analog zu dem Phantomschmerz der Deutschen nach dem Ersten Weltkrieg über die verlorenen Gebiete und die verlorene Machtposition Deutschlands. Dieser Phantomschmerz artikulierte sich in Deutschland als eine Massenempörung über den „Schandfrieden von

Versailles" und führte schließlich zur Machübernahme durch die Nationalsozialisten mit Adolf Hitler an der Spitze, der der ganzen Welt zeigen wollte, wer der Herr und wer der Knecht war.

Die Ähnlichkeit der Atmosphäre in Russland nach dem Zerfall der Sowjetunion und in Deutschlands nach dem Ersten Weltkrieg ist augenscheinlich, sogar verblüffend. Und so wie die auf Revanche ausgerichtete Gefühlslage der Deutschen damals Adolf Hitler zum Aufstieg verholfen und ihn zum Idol der Deutschen erhoben hatte, ist heute in Russland Putin der Mann, der den gekränkten Seelen vieler Landsleute schmeichelt und Linderung verschafft. Nachdem sich Putin als Präsident einige Jahre lang diplomatisch zurückhielt, hat er 2005 ganz ungeschminkt seine Absichten offengelegt als er sagte, der Zerfall der Sowjetunion sei „die größte geopolitische Katastrophe des 20. Jahrhunderts" gewesen. Damit präsentierte er nicht nur sein Geschichtsbild, sondern auch sein Programm. Seine expansionistischen auf Revanche ausgerichteten Absichten präsentierte Putin auch mehrfach sehr präzise in seinen historischen Aufsätzen und Reden. Es ging und geht ihm um die Wiederherstellung der territorialen Ausdehnung Russlands zu derjenigen der untergegangenen Sowjetunion und um die Wiedererlangung der weltpolitischen Position Russlands, so wie sie die Sowjetunion hatte. Und weil die Versuche, die russische Wirtschaft, ähnlich wie die chinesische, auf die Weltspitze zu heben kläglich gescheitert sind, kann das von Putin avisierte Ziel nur durch eine starke, überdimensionale Militärmacht realisiert werden. Diesen Weg ist Putins Russland konsequent gegangen. Der Westen war dabei dazu verurteilt, ein passiver Zuschauer zu sein oder wie es die Deutschen taten sich Russland schönzureden.

Das ist, kurz beschrieben, die Situation in der sich Russland und die an Russland angrenzenden Staaten heute befinden. Und für Putins Russland gibt es ein klares Kriterium für Gut und Böse: Gut sind alle Nachbarstaaten, welche die russische Herrschaft über sie akzeptieren, böse diejenigen, die sie ablehnen. Die Bösen geraten schnell unter das vernichtende Urteil, faschistisch, ja nationalsozialistisch zu sein, was im Geist des „Großen Vaterländischen Krieges" Russland dazu verpflichtet, sie von den Nazis zu befreien. Das geschieht derzeit in der Ukraine. Alle nicht angrenzenden Staaten, welche die Bösen unterstützen, sind in diesem manichäischen Weltbild den Bösen zuzurechnen, als Unterstützer der Nazis.

Dass Schweden nach 200-jähriger Neutralität derzeit aus Angst vor Russland darüber nachdenkt, der NATO beizutreten und das aus Prinzip neutrale Finnland denselben Weg beschreiten möchte, gilt den Russen als eine unannehmbare Provokation. Dass die Provokation umgekehrt, nämlich von Russland ausgeht, passt nicht in das putinistische Weltbild, dem sich diverse westliche Linke und Konservative bereitwillig anschließen. Ebenso muss auch der frühere Beitritt der baltischen Staaten und der ehemaligen Ostblockstaaten gewertet werden. Bei der Bewertung der NATO-Osterweiterung wird von „Putinverstehern" systematisch Ursache und Wirkung vertauscht. Zudem besteht kein Anlass, der NATO aggressive Absichten gegenüber Russland zu unterstellen. Sie werden in Russland der NATO, besonders den USA, angedichtet, was eine mobilisierende Wirkung in der russischen Gesellschaft gegen einen vermeintlichen äußeren Feind haben soll.

Vergleiche des weltpolitischen Verhaltens der USA und Russlands sind in der derzeitigen Situation in der Ukraine nicht zielführend. Wenn überhaupt, könnte man höchstens Aktionen der USA vor deren Haustür in Südamerika mit der russischen in der Ukraine als Vergleich anführen, wobei es aber den USA im 20. Jahrhundert nie um den Anschluss der Gebiete an ihr Territorium ging. Der Vergleich mit der Kuba-Krise ist nicht stichhaltig, weil die Präsenz der NATO in Osteuropa ausdrücklich die Stationierung von Atomwaffen ausschließt. Genau diese war aber seitens der Sowjetunion in Kuba geplant.

Das höchste aggressive Potential hat die hochgerüstete, mit Atomwaffen bestückte Enklave Kaliningrad, die sich in das Fleisch der europäischen Staaten hineinbohrt. Dagegen wird im Westen nicht einmal protestiert. Hier sieht man deutlich, wie verzerrt die russische Wahrnehmung der Welt ist, die von westlichen „Putinverstehern" bereitwillig akzeptiert wurde.

Ich sehe keinen Grund, die aggressive, expansionistische Politik Russlands zu rechtfertigen oder schönzureden. Russland schadet mit dieser Politik sich selbst, und das ohne einen ersichtlichen rationalen Grund.

4.3. Antirussischer Rassismus?

Wir hatten Glück. Die Kriege der USA haben uns in Europa nicht bedroht, der derzeitige Krieg Russlands schon. Wir sind als Europäer schon deshalb eine Partei in diesem Krieg, weil wir Millionen Flüchtlinge abbekommen. Nun ja, wir haben sie auch aus Syrien und dem Irak bekommen. Der Unterschied ist aber der, dass wir, ich meine die Bewohner Europas, die Ukraine und die Ukrainer als Teil von uns empfinden. Das wäre übrigens ebenso der Fall, wenn z.B. aufgrund eines Bürgerkrieges in Russland Russen als Flüchtlinge zu uns kämen. Sie würden ebenso herzlich aufgenommen werden, wie derzeit die Ukrainer. Und man würde sie ebenso als „unsere", als der europäischen Kultur zugehörig, wahrnehmen.

Sicher gibt es derzeit in Deutschland und anderswo Auswüchse, Menschen, die russischsprachige Menschen beleidigen und bedrohen. Solche Reaktionen gibt es immer. Sie sind nicht Ausdruck einer allgemeinen Stimmung im Westen, werden aber im russischen Fernsehen genüsslich ausgeschlachtet, wie auch vor zwei Tagen der angeblich von einer ukrainischen Agentengruppe vorbereitete Anschlag auf den russischen Star-Fernsehmoderator Solowjow. Wenn es keine dramatischen Nachrichten gibt, werden sie im russischen Fernsehen systematisch erfunden. Dahinter verbirgt sich ein System und ein Ziel. Man unterstellt den anderen genau das, was man selbst systematisch tut. Man kann den deutschen Massenmedien alles Mögliche nachsagen: Dass sie langweilig sind, unzureichend und tendenziell informieren, Nachrichten ausblenden, die ihnen nicht passen. Aber dass sie passende Nachrichten erfinden, das glaube ich nicht. Das scheint aber eine Spezialität russischer Medien zu sein.

Und Rassismus bezogen auf die Russen ist in heutiger Zeit eine seltene Verirrung. Die Mehrheit hat sich schon längst daran gewöhnt, dass sich Russen kaum von uns unterscheiden, außer vielleicht in ihrer Erfahrungswelt und in ihrem Denken. Und man weiß auch, dass es wohl kulturelle, sonst aber keine Unterschiede zwischen Russen und Ukrainern gibt. Es geht hier nicht um einen Rassismus. Es geht in diesem Konflikt nur um Machtpolitik und darum, dass Russland als ein großes, starkes Land vor Selbstbewusstsein als Militärmacht strotzt und deshalb glaubt, den Nachbarstaaten und darüber hinaus seinen Willen aufzwingen zu können.

Den Konflikt Russland-Ukraine würde ich nicht mit den Konflikten der USA in Syrien, Libyen, dem Irak oder Afghanistan vergleichen. Vergleichbar wären hier lediglich die Konflikte, welche die USA mit dem Nachbarkontinent Südamerika hat. Denn die USA betrachten die arabischen Staaten nicht als Teil ihres Imperiums, wie es Russland mit der Ukraine tut. Es ist, wie ich meine, wichtig, hier keine falschen Vergleiche anzustellen.

4.4. Hass gegen Russen ist mir fremd

Lieber G.

Mag sein, dass ich ein paar historische Unsauberkeiten in meiner Darstellung der USA in meiner letzten Email hatte. Mir ist aber nicht bekannt, dass die USA gegenwärtig kolonialistische Ambitionen haben, im Gegensatz zu Russland. Was die Amerikaner getan oder nicht getan haben, hat aber mit dem was die Russen derzeit tun nichts zu tun. Es dient jedoch den Russen in der Regierung und in den Medien, wie ich es im russischen Fernsehen sehe, täglich der Legitimierung ihrer eigenen Missetaten, indem sie sich als vermeintlich „humane" Krieger in der „Spezialoperation" in der Ukraine darstellen können.

Ich hasse die Russen nicht. Ich habe nicht einmal die Stasi-Leute und die Schließer im Gefängnis gehasst, sie höchstens mit einem Anflug von Arroganz wegen ihrer Niedrigkeit und Niedertracht bedauert. Hass ist ein mir fremdes Gefühl. Ich habe im Gegenteil im Gefängnis die Mithäftlinge zu besänftigen versucht, die zu Hassausbrüchen neigten. Ich erklärte ihnen, dass Hass eine Abhängigkeit von Objekten des Hasses artikuliert, man sich aber von ihnen befreien müsse. Auch hatte ich in Dresden freundschaftliche Beziehungen zu Russen gepflegt, die als Zivilisten in der sowjetischen Garnison arbeiteten. Und ich habe derzeit in Berlin gute russisch-jüdische Freunde. Ein Hass gegen Russen ist mir fremd. Im Übrigen war ich auch in der Schule in meiner Klasse der beste in Russisch, was mir bei meinen späteren Abenteuerreisen durch die Sowjetunion sehr behilflich war. Und eine Zeitlang gehörten russische und sowjetische Schriftsteller zu meinen Favoriten. Auch gegen meine russische Stiefmutter, die letzte Frau meines Vaters, die im letzten Jahr verstorben ist, hatte ich keinen Groll empfunden. Ich bin aber ein entschiedener Gegner jeder Art von Diktatur, egal durch welchen „Ismus" sie sich legitimiert und rechtfertigt. Und in dieser Disziplin ist in unserer Region Russland ohne Frage ein Champion. Dass es in der Welt weitere Halunkenstaaten mit schlimmeren Vergehen gegen die eigenen Bürger als Russland gibt, ist mir bekannt. Das entschuldigt aber Russland in keiner Weise. Das gilt umso mehr, als Russland seinem Selbstverständnis nach ein in der europäischen Kulturtradition, also auch in der Tradition der Aufklärung, verwurzeltes Land ist, im Gegensatz zu Ländern, deren Gesellschaftsstrukturen und Despotien archaische Wurzeln haben. Gerade weil von den Europäern, auch im Westen des Kontinents, eine zivilisatorische Nähe Russlands angenommen wird oder wurde, ist heute die Enttäuschung über das Land so groß, ähnlich wie es nach der Machtergreifung der Nazis in Deutschland, dem Land der Dichter und Denker, der Fall gewesen ist. Und es ist wohl eine Binsenwahrheit, dass ein Diktaturstaat umso bedrohlicher für seine Nachbarn ist, je größer und militärisch stärker er ist. Genau das trifft auf Russland zu. Es ist niemandem geholfen, wenn man Russland durch eine rosarote Brille betrachtet.

Ob ich zur Rechthaberei neige, mögen andere beurteilen. Oft beurteilt man sich selbst falsch. Ich gehöre aber nicht zu Menschen, die sich einem Gespräch mit Menschen anderer Meinung verweigern. Ich bin sogar mit Nationalkonservativen im Austausch, obwohl mir eine solche Haltung ein Gräuel ist.

5. Putins Ziele
5.1. Russisches Ziel: Einflusssphäre bis Portugal

(27.05.2022)

An G. F.

Es ist kein Geheimnis, dass die Sowjetunion seit Lenin auf eine Weltrevolution hinarbeitete. Da aber in Westeuropa, besonders in Deutschland, in den zwanziger Jahren des 20. Jahrhunderts die von sowjetischen Emissären inszenierten „spontanen Erhebungen" scheiterten und die bolschewistischen Truppen Tuchatschewskis in Polen nicht als Befreier begrüßt wurden, bereitete sich Stalin auf eine große revolutionäre Schlacht vor, um mit seinen Truppen bis nach Portugal vorzustoßen. Hitlers Angriff kam ihm zuvor, aber nicht, wie manche nationalkonservative Historiker behaupten, als ein Präventivkrieg, sondern als ein brutaler, unmenschlicher Kolonialkrieg, zur Angliederung der sowjetischen Gebiete bis zum Ural an Deutschland. Der Eintritt der USA in den 2. Weltkrieg hat das Vordringen sowjetischer Truppen bis nach Portugal verhindert, nicht aber die Besetzung von an die Sowjetunion angrenzenden Nachbarstaaten, einschließlich Ostdeutschlands. Wer unter diesen Bedingungen davon spricht, Deutschland sei nach wie vor eine Kolonie der USA, dem ist nicht zu helfen. Er ist schlicht dumm oder er ignoriert den Gang der Geschichte, die noch viel ungünstiger hätte ausfallen können. Der 8. Mai 1945 ist für die ehemaligen Ostblockstaaten und das Baltikum nicht ein Tag der Befreiung, sondern wohl der Tag der Befreiung von den Nazis, zugleich aber auch der Tag der Besetzung durch die Sowjetunion, mit der fast fünfzigjährigen Fremdherrschaft als Folge. Darüber durfte man in Deutschland, aus falscher Rücksicht auf die Sowjetunion und Russland, bis heute nicht offen sprechen. Die Menschen in den baltischen Staaten und in den ehemaligen Ostblockstaaten die das sagen, werden von den russischen Politikern und Medien als Faschisten oder Nazis beschimpft.

Wenn Hans-Georg Maßen dem heutigen Russland bescheinigt, im Wesentlichen nur russische, innenpolitische Interessen zu vertreten, ignoriert er die offensichtliche Tatsache, dass das heutige Russland unter dem Phantomschmerz des Verlustes von sowjetischen Gebieten und des Ostblocks leidet. Die von Putin und seinen Jüngern in Anlehnung an Ivan Iljin diskutierten Konzepte „russische Welt" und „Eurasien" beinhalten eine Wiederherstellung des Sowjetimperiums und die Fortführung von Stalins Expansionsplänen unter einem nichtkommunistischen Vorzeichen. In Russland ist der Marxismus out, der Stalinismus und das Zarentum aber in. Russland spielt heute wieder die traditionelle Rolle des Feindes der Freiheit und des Spielverderbers für alle Anhänger einer offenen Gesellschaft.

5.2. Russischer Phantomschmerz

(20.04.2022)

Lieber G. ,

die im Westen aktuelle Diskussion über die Folgen des Kolonialismus und die Schuld der ehemaligen Kolonialstaaten für Verbrechen an indigenen Völkern richtet sich lediglich an westeuropäische Staaten und nicht an Russland. Es wird die Tatsache ausgeblendet, dass Russland in gleicher Zeit wie die anderen Kolonialreiche als ein Kolonialreich entstanden ist und heute als das letzte Land der Welt nach wie vor kolonialistische Ansprüche anmeldet. Es gibt, wie ich es sehe, außer der russischen, aus dem Zerfall des von Russland dominierten Sowjetimperiums folgenden Neurosen, keinen Grund, auf die russischen Befindlichkeiten einzugehen. Russland ist ein Land wie jedes andere, sollte es zumindest sein, ohne irgendwelche Extrawürste, die allein aus der Größe des russischen Territoriums, der vermeintlichen Stärke der russischen Armee und ihrer atomaren Bewaffnung folgen sollen. Wenn viele Sicherheitsexperten, auch in den USA, schon vor Jahren oder gar Jahrzehnten meinten, eine Osterweiterung der NATO könnte eine Katastrophe auslösen, wie z.B. hier:

Such a decision may be expected to inflame the nationalistic, anti-Western and militaristic tendencies in Russian opinion; to have an adverse effect on the development of Russian democracy; to restore the atmosphere of the cold war to East-West relations, and to impel Russian foreign policy in directions decidedly not to our liking.

(Es ist zu erwarten, dass eine solche Entscheidung die nationalistischen, antiwestlichen und militaristischen Tendenzen in der russischen Öffentlichkeit anheizen, sich negativ auf die Entwicklung der russischen Demokratie auswirken, die Atmosphäre des Kalten Krieges in den Ost-West-Beziehungen wiederherstellen und die russische Außenpolitik in eine Richtung lenken wird, die uns ganz und gar nicht gefällt.)

George Kennan

(Übersetzt mit www.DeepL.com/Translator)

Sie drückten damit ihre Angst davor aus, dass sich Russland auf dem gleichen chauvinistischen und revisionistischen Pfad bewegen könnte, wie nach dem 1. Weltkrieg das um einige Territorien verkleinerte Deutschland. Der damalige deutsche Phantomschmerz hatte wesentlich zur Machtergreifung Hitlers beigetragen. So gesehen, das beobachten wir heute, haben die Mahner bezogen auf Russland Recht behalten. Die Frage stellt sich aber, ob ein anderer Weg, also der Verzicht auf die Aufnahme der ehemaligen Ostblockstaaten in die NATO, um die sie bekanntlich selbst gebettelt hatten, die Situation geändert hätte. Wer das glaubt, bewegt sich auf dem Pfad von Spekulationen. Er setzt nämlich, wie der Autor des obigen Zitats George Kennan, voraus, dass sich Russland ohne die NATO-Ost-Erweiterung zu einem demokratischen, friedfertigen, auf Freundschaft mit den Nachbarstaaten ausgerichteten Staat entwickelt hätte. Ich weiß, Du bist der Meinung, dass es in den heutigen Ost-West-Konflikten gar nicht um Demokratie und Freundschaft, sondern um Ressourcen, besonders um Bodenschätze, und um Märkte geht. Im Fall einer friedlichen Kooperation des

Westens mit Russlands würde das wohl kein Thema sein. Ich weiß wie Dein Einwand hierzu lautet: Die USA haben angeblich kein Interesse an der Kooperation Westeuropas mit Russland, weil sie damit eine kaum zu schlagende wirtschaftliche und geopolitische Konkurrenz bekommen würden. Deshalb, aus purem Eigennutz, schüren die USA den Konflikt zwischen den europäischen Staaten und Russland. Das haben sich aber notorische Amerika-Hasser ausgedacht, die alle Probleme und Krisen dieser Welt auf das Handeln der USA zurückführen, so wie es derzeit auch die Regierenden in Putins Russlands tun und einstmals in der Sowjetunion getan haben. Das ist eine billige Propaganda-Technik, um alle internen Misserfolge äußeren Feinden anzulasten. Diese Technik hat auch die DDR virtuos gehandhabt, mit der Bundesrepublik als Feind. Das tut auch seit Jahrzehnten Kuba und das tut Venezuela. Ein äußerer Feind ist angesichts innerer Probleme eine sehr vorteilhafte Strategie. Und in dieser Hinsicht, im Abwälzen aller Probleme der Welt auf die USA, sind sich die extrem Linken und die extrem Rechten auch im Westen ziemlich einig.

Ich bleibe dabei: Das Problem Russlands ist der Phantomschmerz nach dem Verlust von Territorien und von Weltgeltung durch den Zerfall der Sowjetunion. Putin, der bereits 2005 den Zerfall der Sowjetunion als „die größte geopolitische Katastrophe des 20. Jahrhunderts" bezeichnet hat, steckte damit, lange vor dem Ausbrechen des Konfliktes mit der Ukraine, die Zielrichtung seiner Politik eindeutig ab. Das haben damals die westlichen Politiker nicht einordnen können, es als eine persönliche Marotte Putins abgetan. Mit den Konflikten in Georgien und Moldawien, der Besetzung der Krim, der Schaffung der „Volksrepubliken" in der Ostukraine und besonders mit dem derzeitigen Krieg gegen die Ukraine hat aber Putin bewiesen, dass er zu Politikern zählt, die das was sie sagen auch so meinen und daraus die entsprechenden Konsequenzen ableiten. Er hat, wie oben zitiert, bereits 2005 offen gesagt, dass er zumindest den geopolitischen Zustand erreichen möchte, der vor 1991 bestanden hat. Da das sein unumstößliches Vorhaben war und ist, hätte eine andere Politik des Westens in Russland kaum etwas anderes erreichen können. Ob mit einem anderen Staatsführer als Putin Russland einen anderen Weg beschritten hätte, kann man nur spekulieren.

Ich gehöre nicht zu den Zeitgenossen die meinen, Russland hätte den historisch oder sonst wie begründeten Anspruch auf das Riesenreich in Grenzen der Sowjetunion oder sogar des Zarenreiches. Wer das postuliert, muss auch den Briten oder den Franzosen ein Recht auf ihr altes Kolonialreich zubilligen und natürlich den Deutschen ein Recht auf Königsberg. Das solche Sehnsüchte oder gar Forderungen absurd und aus der Zeit gefallen sind, wird kaum jemand in Frage stellen. Nur im Fall Russlands ist man nachsichtig, aus purer Angst oder aus falsch verstandenen freundschaftlichen Gefühlen oder aus dem absurden Glauben, mit der Liebe zu Russland etwas von der „guten alten Zeit" des von der Sowjetunion dominierten realen Sozialismus für sich retten zu können.

Grüße

Gabriel

Nachtrag:

Dass Deutschland nicht spätestens ab 2014 den Anteil russischen Gases am Energiemix radikal reduziert hat, ist ein unverzeihlicher Fehler. Es war damals deutlich zu erkennen, welches Ziel die russische Außenpolitik verfolgt. Und mit billigem Gas wurden die Westeuropäer, besonders die Deutschen, zu Kumpanen von Putins Politik gemacht, sie stillschweigend gebilligt oder zumindest widerwillig toleriert, was sie heute auf klägliche Weise bestreiten. Diese De-Facto-Kumpanei werden die zukünftigen Historiker als Appeasement bezeichnen, wenn ihnen dafür kein anderer Begriff einfällt.

5.3. Russische Kolonialgeschichte

(03.03.2022)

Es ist in der Gegenwart nicht opportun und politisch fragwürdig, die Existenz und das Territorium von Staaten auf ferner Geschichte begründen zu wollen, wie es Putin tut. Doch die Grenzen der meisten Staaten der Welt, falls sie früher Kolonien gewesen sind, sind von den Kolonialmächten in der Kolonialzeit oder danach völlig willkürlich, oft mit dem Lineal, gezogen worden. Man darf in diesem Kontext nie außer Acht lassen, dass auch das russische Imperium als ein Kolonialreich entstanden ist. Die Krim etwa ist ursprünglich nicht russisch, sondern Teil des türkischen Imperiums gewesen. Der heutige Grundsatz lautet: Egal wie die Grenzen zustande gekommen sind, sie werden nicht gewaltsam verschoben. Wohl ist es erlaubt, Grenzen im Konsens der Anrainerstaaten zu verschieben, nicht aber mit militärischer Gewalt. Gegen diesen Grundsatz, der die friedliche Weltpolitik nach dem 2.Weltkrieg bestimmt, hat Russland mehrfach bewusst verstoßen. Welche Gründe hierfür ins Feld gezogen werden, ist dabei völlig gleichgültig. Russlands Besetzungen und Kriege sind illegal. Sie werden nicht dadurch akzeptabel und legal, dass Russland den Nachbarstaaten gegenüber militärisch überlegen ist. Ganz im Gegenteil. Russland versucht derzeit in der Weltpolitik das Dschungelgesetz zu etablieren: Das Recht des Stärkeren. Dagegen muss sich die gesamte zivilisierte Welt zur Wehr setzen, will man nicht zu Verhältnissen zurückkehren, die in der Nazizeit herrschten, als Deutschland und Japan die ganze Welt terrorisierten. Die Begründungen Russlands für den Überfall auf die Ukraine sind völlig gegenstandslos. Mit gleichen Begründungen kann Russland jedes beliebige

Land angreifen, besonders wenn es einen hohen Anteil an russischer Bevölkerung hat, wie die baltischen Staaten, Georgien oder Kasachstan.. Derzeit wird das neutrale Finnland öffentlich von Russland mit einem Militärschlag bedroht. Ich bin gerade dort. Die Wirkung der Drohungen Putins sind deutlich zu verspüren. Die Menschen haben zum ersten Mal seit 1945 Angst vor einem militärischen Angriff durch Russland und im finnischen Parlament wird über den NATO-Beitritt als Schutz vor Russland diskutiert. Wer ist hier der Schuldige?

Es gibt heute große und, wenn überhaupt, nur schwer lösbare globale Probleme. Das ändert aber in der Zeit der weltweiten Dekolonialisierung nichts an der Tatsache, dass das große Russland als ein Kolonialreich entstanden ist und heute als das letzte Land der Welt nach wie vor kolonialistische Ansprüche anmeldet.

5.4. Heim ins Reich

(25.05.2022)

Hitler hat nicht nur Polen angegriffen, sondern vorher auch die Österreicher und die Sudetendeutschen „heim ins Reich" geholt und nebenbei auch die Tschechoslowakei besetzt. Das damalige Muster ist dem sehr ähnlich, das wir derzeit in der Ukraine beobachten können, wo Russland die russischen Landsleute gewaltsam heim ins Reich holt. Jetzt brauchen wir keine Geschichtsbücher, wir sehen was abläuft und das liefert uns ein Muster dafür, was in Europa in den dreißiger Jahren des vergangenen Jahrhunderts passiert ist. Die Argumente Putins gegenüber der Ukraine sind denen Hitlers gegenüber Polen und der Tschechoslowakei ziemlich ähnlich.

Dass Polen für die nationalen Minderheiten vor dem 2. Weltkrieg kein Paradies war, ist bekannt. Allerdings greift dieser Aufsatz (über die Konflikte zwischen Polen und Deutschland in den 30-er Jahren) zu kurz. Denn ausgerechnet der Diktator Pilsudski war an einem harmonischen Zusammenleben der Nationalen Minderheiten in Polen sehr interessiert. Deshalb genoss er ein hohes Ansehen bei den polnischen Juden. Allerdings ist er 1935 gestorben und von da an haben sich in Polen die Ultranationalisten ausgetobt, die ein homogenes Polen ohne nationale Minderheiten anstrebten. Dazu mussten sie die Lebensbedingungen für die Nichtpolen so unerträglich machen, dass diese möglichst schnell Polen verlassen. Bei den Juden hatten sie mit dieser Taktik einigen Erfolg. Es sind aber noch etwa 3 Millionen Juden in Polen geblieben, derer sich die deutschen Besatzer angenommen haben und etwa 98% von den unter ihrer Herrschaft verbliebenen ermordeten. So sah die „deutsche Ordnung" aus, die nach der Besetzung Polens durch die Wehrmacht in dem Land installiert wurde. Im Übrigen, auf manchen Waggons, in denen die Wehrmacht im September 1939 nach Polen transportiert wurde, stand geschrieben: „Wie fahren nach Polen, um Juden zu versohlen."

Der Zweck der Besetzung Polens stand demnach von vornherein fest. Darüber schweigen sich solche Herren wie Schultze-Rhonhof aus, weil es nicht zu deren Vorstellung von den friedliebenden Deutschen passt, die ja den Polen und Russen zivilisatorisch überlegen gewesen sein sollen, von Juden ganz zu schweigen.

„Wir fahren nach Polen, um Juden zu versohlen"

6. Sind die Ukrainer Nazis?

6.1. Was meint Putin, wenn er von ukrainischen Nazis spricht?

(15.04.2022)

Dass der Ukraine-Krieg ein US-Projekt ist, wie es die russischen Medien verbreiten, ist wohl als ein schlechter Witz zu verstehen. Russland hat den Krieg gegen die Ukraine 2014 begonnen und ihn in diesem Jahr nur verschärft. Ideologisch wurde der Krieg gegen die Ukraine seit vielen Jahren in den russischen Massenmedien geführt. Massenrituale, wie die sakralisierte jährliche Feier des Sieges im „großen Vaterländischen Krieg", jeweils am 9. Mai, mit dem emotionsgeladenen Zug des „unsterblichen Regiments", an dem hunderttausende, wenn nicht Millionen Russen, übrigens auch in Berlin, teilnahmen, haben dem russischen Volk die ewige Mission vermittelt, den „Nazismus" wo immer in der Welt er sein Haupt erhebt, mit aller Kraft zu bekämpfen. Putin hat diese populäre Massenbewegung für seine Ziele instrumentalisiert. Denn nach der russischen Propaganda ist es die Ukraine, die seit 2014 von Nazis beherrscht wird. Millionen Russen wurden in den Medien jahrelang tagtäglich auf den Kampf gegen die „ukrainischen Nazis" emotional vorbereitet. Der als „Spezialoperation" verbrämte Krieg gegen die Ukraine wird in Russland als die Fortsetzung des „großen vaterländischen Krieges" gegen die Nazis verkauft. Die US-Amerikaner haben damit nichts zu tun. Sie wurden aber von Putin zu gefährlichen Feinden stilisiert, die den Plan verfolgen mit Hilfe „farbiger Revolutionen" Russland ins Chaos zu stürzen und in mehrere Teilstaaten zu zerlegen. Die Europäer werden von Putin als Lakaien der USA betrachtet und nicht ernst genommen. Mit seiner Propaganda, besonders seinen Horrorszenarien, hat Putin, abgesehen von einer Handvoll Querulanten, das ganze Russische Volk auf seine Seite gebracht. Dass der vermeintliche „ukrainische Nazismus" mit Hilfe des russischen Faschismus bekämpft wird, fällt den meisten Russen nicht auf.

Doch was meint Putin, wenn er von Nazis in der Ukraine spricht?

In seiner Rede am 20.09.2022 hat Putin seine These wiederholt, dass es in der „militärischen Spezialoperation" in der Ukraine um das Niederringen der Nazis geht, die 2014 mit Unterstützung des Westens das Land im Handstreich eingenommen hätten.

In Deutschland verbindet man mit dem Begriff „Nazi" in erster Linie die Erinnerung an die im deutschen Nationalsozialismus praktizierte rassistisch motivierte Ausgrenzung von Juden und an den an Juden verübten Massenmord. Ein Nazi ist folglich ein Mensch, welcher der faschistischen Ideologie der Nazis anhängt und deshalb die nationalsozialistische Judenvernichtung für legitim hält. Das macht auch den gravierenden Unterschied zwischen den im 20. Jahrhundert etablierten Herrschaftsformen Faschismus und Nationalsozialismus aus. Denn der italienische, spanische, portugiesische Faschismus usw. waren wohl menschenverachtende Diktaturen, die aber nicht den Antisemitismus als obligatorisches ideologisches Element beinhalteten, im Gegensatz zum deutschen Nationalsozialismus.

Was meint also Putin, wenn er die Ukraine, einen Staat mit einem jüdischen Präsidenten, als einen Nazi-Staat bezeichnet? Im Verständnis von Putin, das sich an die sowjetische

Sicht anlehnt, war nicht die Vernichtung der Juden, sondern die Ausrottung der Slawen, insbesondere der Russen, das primäre Ziel der deutschen Nationalsozialisten. In der sowjetischen Interpretation des Nationalsozialismus und seiner Verbrechen wurde die rassische Verfolgung und Vernichtung der Juden vollständig ausgeblendet. Die ermordeten Juden tauchten in sowjetischen Gedenkstätten für Nazi-Verbrechen nur als Sowjetbürger auf. Dieser Interpretation des Nationalsozialismus schlossen sich die Propagandisten der Ostblockstaaten an. Auch in der DDR und in Polen wurden in KZ-Gedenkstätten die jüdischen Opfer nicht explizit benannt, obwohl sie in den meisten KZs die Mehrheit der Opfer ausmachten. Auch wurde in der DDR nie vom Nationalsozialismus, sondern nur vom „deutschen Faschismus" gesprochen, um die Verwirrung zu vermeiden, die Nazis als Sozialisten zu sehen.

Wer sind also für Putin die ukrainischen Nazis? In der russischen Erinnerungspolitik nimmt der 9. Mai als der Tag der Befreiung von den deutschen Nationalsozialisten den höchsten Rang ein. Es ist der Tag der Erinnerung an die Millionen sowjetischen Opfer im Kampf gegen die nationalsozialistischen deutschen Invasoren und besonders an die zivilen Opfer, von denen die meisten Russen waren. Dass unter den Opfern auf sowjetischer Seite auch Millionen Ukrainer zu beklagen waren, wird in der aktuellen politischen Lage ausgeblendet. Stattdessen werden die mit den Nazis bei Morden an bolschewistischen Russen kollaborierenden ukrainischen Nationalisten herausgehoben, als deren ideelle Erben die heutigen politischen Führer der Ukraine betrachtet werden. Die Morde der ukrainischen Nationalisten an Juden und Polen werden dabei weitgehend ausgeblendet. So entsteht also das Bild der ukrainischen Nationalisten als der ukrainischen Nazis, deren Hauptziel Massaker an Russen gewesen seien, was der historischen Wahrheit widerspricht. Und so ist auch die abstruse russische Definition der „Nazis" aus der Taufe gehoben worden, dass nämlich ein Nazi ein Individuum ist, das die Russen hasst und bekämpft. In diesem Sinne sind die gegen die russische Invasion kämpfenden Ukrainer alle Nazis und der gegen die russische Invasion kämpfende ukrainische Staat ein Nazi-Staat. Diesen Zusammenhang hat der amerikanische Historiker Timothy Snyder kürzlich elegant ausgedrückt: „Ein Nazi ist ein Ukrainer, der sich weigert zuzugeben, dass er ein Russe ist"

6.2. Gab es 2014 in der Ukraine einen faschistischen Putsch?

Die Sache mit dem Brand im Gewerkschaftshaus in Odessa ist nie richtig aufgeklärt worden. Es gab wohl extreme Nationalisten vom Rechten Sektor und vom Asow-Regiment, die 2014 auf eigene Faust Randale veranstaltet hatten, zum Teil mit tödlichem Ausgang. Trotzdem ist es eine russische Verleumdung, wenn behauptet wird, 2014 hätte es auf dem Maidan in Kiew einen faschistischen Putsch gegeben, der dazu noch von den USA inszeniert gewesen sein soll. Das lässt sich auch sehr einfach widerlegen. Die wichtigste Forderung der Aufständischen vom Maidan war der Beitritt der Ukraine in die EU. Ich kenne aber keine Nazis und keine Faschisten, welche die EU unterstützen. Es ist im Gegenteil so, dass die „Rechtspopulisten" und Faschisten in allen europäischen Ländern den Austritt ihrer Länder aus der EU fordern. In der Ukraine bekamen rechtsradikale Parteien bei Wahlen weniger als zwei Prozent der Stimmen, viel weniger als in Deutschland, Frankreich, Polen oder Ungarn.

Was das Verbot der russischen Sprache betrifft, da ist etwas dran. Noch schärfere Gesetze gibt es aber in Lettland, ohne dass das Land als faschistisch bezeichnet wird. Die russische Sprache ist in der Ukraine nicht verboten, das ist glatter Unsinn und Verleumdung. Ich habe mir bei meiner Schwester über eine Satellitenantenne öfters Sendungen des offiziellen ukrainischen Fernsehsenders Ukraina24 angeschaut. Da wird von Sprechern Ukrainisch gesprochen. Aber die eingeladenen Gäste etwa in Talk-Shows sprechen sehr oft russisch. Oft werden sie in Ukrainisch gefragt und antworten in Russisch. Man nimmt es also offensichtlich mit der Sprache nicht so ernst. Es ist aber die offizielle Politik, die ukrainische Sprache zu verbreiten, was offensichtlich nicht ausschließt, dass man auch russisch spricht, ohne deshalb Repressionen unterworfen zu sein. Ich habe im ukrainischen Fernsehen selbst Politiker gesehen und gehört, die Russisch, nicht Ukrainisch sprachen. Also kein Verbot der russischen Sprache. Mag sein, dass es im Bildungswesen nicht ganz frei zugeht. Es ist aber in der Ukraine für niemanden ein Geheimnis, dass die Muttersprache von Selenski Ukrainisch, sondern Russisch ist. Vielleicht ist er überhaupt auch deshalb gewählt worden. Außerdem ist Selenski ein Jude. Ich kann mir aber in Polen, Ungarn oder Deutschland keinen jüdischen Präsidenten oder Ministerpräsidenten/Kanzler vorstellen. Offensichtlich gibt es diesbezüglich in der Ukraine weniger Diskriminierung und viel mehr Selbstverständlichkeit als in vielen anderen europäischen Staaten. Das ist die Realität, auch wenn mit Bandera in der Ukraine ein Nationalist verehrt wird, der mit den Nazis kollaborierte und auf seinem Mordkonto auch zahlreiche Juden hatte.

6.3. Einige Worte zum Kult Banderas in der Ukraine

Der Bandera Kult in der Ukraine liefert Putin einen der Belege dafür, dass die Ukraine eine Nazi-Staat ist. Aber man darf nicht vergessen, dass der Bandera-Kult in der Ukraine nicht mit dem Maidan-Umsturz 2014 begann, sondern sofort nach der Unabhängigkeit der Ukraine 1992. Sofort wurden Bandera-Denkmäler errichtet, Straßen und Plätze nach ihm genannt. Das ist sicher unappetitlich. Man darf aber auch nicht vergessen, dass der ältere ukrainische Held Bohdan Chmielnicki, der im 17. Jahrhundert einen Bauernaufstand gegen die polnisch-litauische Herrschaft anführte, noch mehr Juden als Bandera auf dem Gewissen hatte. Trotzdem wurden für ihn schon in der Sowjetzeit Denkmäler errichtet. Die russische Kritik an der Ukraine, die sich nur auf Bandera bezieht, ist demnach ziemlich einseitig, weil sie die sowjetische Zeit ignoriert. Natürlich haben die Ukrainer ein Problem, ganz unabhängig von ihrem Konflikt mit Russland. Da sie einen eigenen Staat nur ganz kurz nach dem ersten Weltkrieg gehabt haben, leiden sie unter einem Defizit an Nationalhelden. Und da ist ihnen jeder ukrainische Haudegen als Held recht, der sich für die Unabhängigkeit der Ukraine eingesetzt hat. Und das hat Bandera ohne Frage getan. Dass er nebenbei Juden und Polen ermorden ließ, wird entweder verschwiegen oder ihm als Kollateralschaden verziehen. Veredelt wird seine Biografie durch seine Nazi-Lagerhaft in Sachsenhausen, wo er mit seinen Kompagnons in „Ehrenhaft" gehalten wurde, weil sein Projekt eines ukrainischen Staates mit Hitlers Plan, die Ukraine als Kornkammer Deutschland anzugliedern kollidierte.

Nun muss man gerechterweise sagen, dass in zahlreichen Ländern zweifelhafte Figuren mit verbrecherischer

Vergangenheit als Nationalhelden verehrt werden, aus einer ähnlichen Notsituation heraus wie in der Ukraine, nämlich aus notorischem Mangel an Helden. So geschieht es bekanntermaßen auch in Litauen, Lettland und Estland, wo patriotische Judenmörder als Nationalhelden verehrt wer-den. Und in Polen beruft sich die derzeitige Führung auf den Vorkriegspolitiker Dmowski, der ein extremer Antisemit und Deutschenhasser war und ein national homogenes Polen anstrebte, was ohne eine Vertreibung von Nichtpolen aus dem Land nicht zu erreichen war. Für ihn werden in Polen Denkmäler errichtet, Straßen und Plätze nach ihm benannt. Und man verehrt die sogenannten „verdammten Soldaten", versprengte Einheiten der AK und NSZ[6], die nach dem Zweiten Weltkrieg als Partisanen Anschläge auf Kommunisten und Juden verübten, und außerdem ihren Lebensunterhalt mit bandenmäßigen Überfällen bestritten. Für diese Helden werden im Polen ganze Museen errichtet.

Mit anderen Worten, wenn man die Liebe der Ukrainer zu ihren zweifelhaften Helden anprangert, muss man das konsequenter Weise auch bezogen auf andere Staaten tun. Man kann aber nicht diesen Staaten wegen der Verehrung falscher Helden die Unabhängigkeit streitig machen, wie es Russland bezogen auf die Ukraine tut. Wohl muss man diese nationalistischen Auswüchse kritisieren ohne Konflikte mit den betreffenden Staaten zu scheuen. Man darf sich aber nicht einen Staat herauspicken und ihn zum Paria-Staat erklären. Und man muss auch den in Russland praktizierten Stalin-Kult ebenso anprangern,

---

6   AK - Armia Krajowa, deutsch Heimatarmee, NSZ - Narodowe Sily Zbrojne, deutsch Nationale Militärische Formationen, polnische Partisanenarmeen im Kapf gegen Nazi-Besatzer, nach dem Krieg gegen die sowjetischen Besatzer und polnische Kommunisten.

denn das Konto seiner Verbrechen war ohne Zweifel weit höher als das von Bandera. Trotzdem wird Stalin heute von Putin positiv bewertet. Mit welchem Recht verurteilt er dann die Ukrainer wegen ihres Bandera-Kultes? Nun ja, die ukrainischen Nationalisten kooperierten mit Faschisten und Stalin war ein Antifaschist. Kann man das so stehen lassen? Ich glaube nicht. Mal abgesehen von der Freundschaft, welche die Sowjetunion 1939 mit Hitler-Deutschland geschlossen hatte, war es den Millionen Ermordeten sicher egal, ob sie von den Nazis oder von den Bolschewiken umgebracht wurden.

6.4. Selbstkritik von Völkern

Meines Wissens tendieren alle Völker der Welt dahin, Mythen zu kreieren, die das jeweilige Volk im besten Licht darstellen. Moralisch verwerfliche Taten, begangen von Angehörigen ihres Volkes, würden die positive Erinnerung trüben und werden deshalb meist ausgeblendet, vertuscht, vergessen. Die deutsche Auseinandersetzung mit der Nazi-Vergangenheit ist da eine aus der totalen Kapitulation Deutschlands im 2. Weltkrieg folgende Ausnahme, zu der sich die meisten Völker nicht erheben können oder wollen. Die deutsche kritische Haltung zur eigenen Geschichte, der übrigens eine Phase der „reeducation" vorangegangen ist, wird in anderen Völkern als eine überflüssige, erniedrigende Selbstkasteiung gesehen, der man sich so nicht unterwerfen möchte. Aktuell gibt es allerdings in den westlichen Ländern den Trend zur Auseinandersetzung mit den dunklen Seiten der Kolonialzeit, also einen Trend zur nationalen Selbstkritik. Zu einer solchen sind aber wie ich glaube, wenn überhaupt, nur Völker mit einer langen, kontinuierlichen Geschichte fähig, kaum solche, die mit der Selbstdefinition noch nicht fertig sind oder eine relativ kurze Geschichte der Unabhängigkeit haben. Die in solchen Völkern dominierenden Geschichtsnarrative haben die Aufgabe, den Zusammenhalt des Volkes zu begründen und zu stärken. Da sind keine kritischen Fragen erlaubt, die das nationale Selbstwertgefühl schwächen könnten. Solche Haltungen kann man etwa im Baltikum, in Polen und Ungarn beobachten, und erst recht in der Ukraine und natürlich in Putins Russland.

7. Russland und der Westen
7.1. Mitschuld des Westens am Ukraine-Krieg?

In der Tat, die Garantie aus dem Budapester Memorandum von 1994, ukrainische Atombomben an Russland gegen Sicherheit der Ukraine, ist durch den Unterzeichnerstaat Russland 2014 aufgekündigt und 2022 ins Klo geworfen worden. Die Unterzeichnerstaaten USA und Großbritannien hatten 2014 außer ein paar Sanktionen, die Russland weitgehend wegstecken konnte, nichts anzubieten, womit sie Russland ermuntert haben, weiterzugehen und den Versuch zu unternehmen, die ganze Ukraine dem russischen Imperium anzugliedern. Das hat bis jetzt nicht so geklappt, wie es sich Putin vorgestellt hat. Es gab und gibt in der Ukraine nicht die jubelnden Menschenmengen, welche die russischen Truppen mit Blumen empfangen. Das unterscheidet die derzeitige Lage vom Anschluss Österreichs und der Tschechoslowakei 1938, denn letztere hatte sich beim Einmarsch der Deutschen nicht gewehrt, Polen 1939 schon. Somit kann wohl die derzeitige Lage in der Ukraine mit der in Polen 1939 verglichen werden und das verheißt nichts Gutes. Der Unterschied zu damals ist natürlich die russische Drohung mit Atombomben. Aber schon damals haben sich die britischen und französischen Truppen nicht dazu aufgerafft, Polen zu verteidigen. Insofern ist die Lage ähnlich. Ähnlich ist besonders der Phantomschmerz des verlorenen Großreiches, unter dem Putin und seine Leute nach 1991 leiden, wie einstmals viele Deutsche nach 1918. „Originell" ist lediglich Putins Idee der „Denazifizierung" der Ukraine als eine der Begründungen für den Überfall. Der ukrainische Nationalismus, der sich zum Teil auf schräge Typen und Kollaborateure mit den Nazis stützt, legitimiert in den

Augen Putins eine „Spezialoperation" mit dem Zweck, die ganze Ukraine in ein Umerziehungslager stalinistischen Typs zu verwandeln, in welchem die Menschen zu loyalen Russen umerzogen werden und in hartnäckigen Fällen zeitweise oder für immer im GULAG landen.

Die deutsche Regierung fand sich nach Kriegsbeginn in einer fatalen Lage. Denn die jahrzehntelange Politik der Annäherung an Russland und der wirtschaftlichen Verflechtung Deutschlands und Russland als Weg zur Freundschaft und Friedenssicherung hat sich als eine Illusion entpuppt. Man steckte den Kopf in den Sand und wollte die wahren Absichten Putins nicht sehen, obwohl er sie schon 2005 offen artikuliert hat, als er erklärte der Zerfall der Sowjetunion sei „die größte geopolitische Katastrophe des 20. Jahrhunderts", die natürlich einer Reparatur bedarf. Im Fall Hitlers sagt man seit Langem, er habe was er vor hatte vorher offen gesagt, man hätte es aber nicht für möglich gehalten, dass er alles was er sagt 1:1 umsetzt. Die Fantasie und Vorausschau der westlichen Politiker reichte aber nicht, um gleiches auch dem Diktator Putin zuzutrauen. Was man vorausschauend hätte machen können, weiß ich nicht im Einzelnen. Aber zumindest hätten Deutschland und andere westeuropäische Staaten ihre Energieversorgung nicht einseitig auf Russland ausrichten dürfen. Diesen Gedanken hätte man schon 2005 und spätestens 2014, nach der Besetzung der Krim und der Abspaltung der östlichen „Volksrepubliken", haben können. Man hatte also Zeit genug, die Energieversorgung zu diversifizieren, um sich auf alle Eventualitäten vorzubereiten. Stattdessen wurden in Deutschland Kernkraftwerke und Kohlekraftwerke zeitgleich abgeschaltet, um sich damit vollständig vom russischen Gas abhängig zu machen. Man bekommt den Eindruck, seit mindestens 20 Jahren von Idioten regiert worden zu sein. Die jetzige Führung, die für das vergangene Versagen mitverantwortlich ist, muss furchtbar herumeiern, um Deutschland aus dem Schlamassel herauszuführen und nicht noch tiefer zu versenken. Das Auftreten von Scholz in dieser dramatischen Lage, besonders was die militärische Unterstützung der Ukraine betrifft, ist alles andere als überzeugend. Das ist einerseits auf die Stimmung in seiner Partei zurückzuführen, die im Verhältnis zu Russland, zur Bewaffnung und zum Pazifismus in sich gespalten ist, andererseits scheint Scholz mit der Aufgabe als Krisenmanager überfordert zu sein. Da waren Politiker wie Schmidt oder Kohl überzeugender. Frau Merkel, die die missliche Lage Deutschlands im Energiesektor stark mitverantwortet, kann ich mir in der heutigen Lage ganz schlecht als Bundeskanzlerin vorstellen.

7.2. Nato und Russland

Da ist von Herrn Lawrow die Wirklichkeit auf den Kopf gestellt worden. Die NATO hat sich nicht auf Initiative der USA erweitert, sondern auf Wunsch der baltischen und der ehemaligen Ostblockstaaten. Nicht, weil sie die USA so lieben, sondern weil sie Russland so fürchten. Russland müsste folglich dafür sorgen, dass es von den Nachbarstaaten nicht gefürchtet, sondern geliebt wird. Da letzteres aus naheliegenden Gründen nicht der Fall ist, holt Russland den großen Knüppel heraus und haut zu. Es sollen von dem „friedliebenden" und in die Ecke gedrängten Russland auch Staaten wie Finnland und Schweden dafür bestraft werden, dass sie Russland nicht lieben, sondern vor Russland Angst haben. Verkehrte Welt.

Dass Städte, die im 2. Weltkrieg nicht verteidigt wurden, weitgehend erhalten geblieben sind, ist wohl wahr. Die Frage stellt sich aber in der Ukraine primär nicht so. Es geht in der Ukraine vielmehr darum, ob die Ukraine als Staat mit einer ukrainischen Tradition erhalten bleibt oder total russifiziert wird und damit de facto verschwindet. Wem das nicht als besonders dramatisch erscheint, der sollte sich zudem vergegenwärtigen, dass es den Russen darum geht, dass die Ukraine das russische totalitäre System übernimmt und damit die Ukrainer zu russischen Staatssklaven macht, wobei diejenigen, die damit nicht einverstanden sind liquidiert oder zwangsweise „umerzogen" werden. Wie jüngst der britische Historiker Snyder sagte: Für Putin ist jeder Ukrainer ein Nazi, der sich nicht dazu bekennt, ein Russe zu sein. Und die Nazis müssen laut Putin liquidiert werden. Das ist eines der erklärten Ziele der russischen „Spezialoperation" in der Ukraine.

7.3. Wem gehört die Krim?

Lieber R.,

alle Achtung. Du hast Dich wie immer sehr gründlich in die Thematik eingearbeitet und minutiös die Abfolge der „Besitzer" der Krim dargelegt. Als neutraler Beobachter würde ich aus dieser historischen Abfolge folgern, dass den historisch am besten begründeten Anspruch auf die Krim weder die Ukrainer, noch die Russen, sondern die Krimtataren und Türken haben. Die sind aber endgültig ausgebotet. Wie soll man aber die Lage in der Gegenwart bewerten? Es gibt die unumstößlichen Fakten, die 2014 Russland mit der Besetzung der Krim geschaffen hat, von denen Russland nicht abrücken wird. Hat Russland zurück-blickend auf Chruschtschows Schnapsidee, die Krim der Ukraine zu verschenken, ein Recht auf den Landstrich? Ich meine nein. Denn mit gleicher Begründung könnte Russ-land auch Alaska von den USA zurückfordern und es gibt in der Welt mit Sicherheit hunderte Landstriche, die unter ebenso dubiosen Umständen ihre Besitzer gewechselt ha-ben. Ein Nachmachen des russischen Krim-Beispiels würde weltweit Mord und Totschlag bedeuten. Warum fordert unter diesen Umständen Deutschland nicht Königsberg zurück? Die Antwort ist ganz simpel: Russland kann sich solche Extravaganzen leisten, weil es ein militärischer Koloss ist, vor dem die Nachbarn kuschen müssen. Da sind wir genau bei dem Grund für den derzeitigen Krieg in der Ukraine gelandet. Russland führt ihn, weil Putin und seine Gefolgsleute meinen, es als eine militärische Großmacht zu dürfen, ja ein Recht dazu zu haben. Das ist natürlich nicht das internationale Recht, das ein mi-litärisches Erzwingen illegitimer politischer Ansprüche verbietet. Das ist schlicht das Recht des Stärkeren, wie es seit archaischen Urzeiten galt und in den Augen Putins nach wie vor gilt.

Es gibt das Budapester Memorandum von 1994, das der Ukraine gegen die Auslieferung aller Atomwaffen an Russland die Sicherheit der Grenzen garantierte. 1997 wurde zwischen Russland und der Ukraine ein Abkommen über die Schwarzmeerflotte unterzeichnet, das Russland die Nutzung des Hafens Sewastopol garantierte. Diese Vereinbarungen wurden aber den Russen zu wage, als sich die Ukraine seit 2014 der NATO annäherte. Das war, neben dem russischen Sentiment für die Krim als das zaristische Kronjuwel, der Grund für die Besetzung der Krim durch Russland. Nun ja, viele Deutsch spüren eine emotionale Verbundenheit mit den ehemaligen deutschen Ostgebieten. Das gilt ebenso für Polen, Finnland, Ungarn und Rumänien. Ach ja, da gibt es auch noch die historischen Abrechnungen zwischen Deutschland und Frankreich sowie zwischen Deutschland und Italien. Alle europäischen Staaten müssen ihre derzeitigen Grenzen respektieren, alle außer Russland. Dabei hat die Europäische Union vorgeführt, wie man Grenzstreitigkeiten am besten löst: indem man unter Nachbarn echte Freundschaften pflegt und die Grenzen nur noch Grenzen von Verwaltungsgebieten, ansonsten für alle offen sind. Für totalitäre Staaten, die alles kontrollieren müssen, sind aber offene Grenze ein Gräuel. Das ist der Kern des Konfliktes zwischen Russland und der Ukraine, wie auch zwischen Russland und der NATO sowie der EU.

Was soll man noch dazu sagen? Vieles, nicht alles, erfährt man in den Medien. Bei meiner Schwester, die vollständig auf Putins Seite steht, schaue ich mir auch das russische Fernsehen an, manchmal auch das ukrainische (in Russisch!) und das polnische. Ich kenne also weitgehend die Standpunkte aller Seiten und versuche, mir daraus eine eigene Meinung zu bilden.

7.4. Russlands Säbelrasseln führt zur NATO-Erweiterung

Politik kann nicht davon abhängen, ob man von Äußerungen eines Politikers oder Komikers, wie seinerzeit Erdogan, beleidigt ist oder nicht. Das gilt auch ganz besonders für Putin.

Russland sollte sich so verhalten, dass die neutralen Anrainerstaaten Finnland und Schweden sich von diesem Land nicht bedroht fühlen. Wenn sich schon die traditionell russlandfreundlichen, neutralen Finnen von Russland bedroht fühlen, darf man sich nicht über die Stimmungslage in osteuropäischen Ländern und in der Ukraine wundern. Ich kann seitens Russlands keine Schritte erkennen, das Gefühl der Bedrohung in der Nachbarschaft abzubauen. Und wenn Russland selbst der Schweiz ein Ultimatum zusendet, muss man sich wohl über die russische Politik an den Kopf greifen. Russland provoziert permanent Finnland und Schweden durch Verletzung des Luftraumes mit militärischen Flugzeugen und durch Militärpräsenz an den Küsten Finnlands und Schweden. Fühlt sich Russland etwa durch Finnland und Schweden bedroht? Die einzige Reaktion, die Russland damit erzielt, ist die immer weiterwachsende Bereitschaft beider Länder, der NATO beizutreten. Und wenn es dann soweit sein sollte, wird es in Russland ein großes Geschrei geben. Warum glauben aber in diesen Staaten immer mehr Menschen, als Mitglied der NATO sicherer zu sein? Sind diese Menschen „russophob"? Nein, sie reagieren auf das russische Großmachtgehabe, das für sie immer ungemütlicher wird. Die Lösung des Problems ist sehr einfach. Russland muss aufhören militärisch aufzutrumpfen, vor allem neutralen, militärisch schwachen Staaten gegenüber. Sonst ist jedes russische Friedensgesäusel absolut unglaubwürdig, so wie es auch in der sowjetischen Zeit gewesen ist. Und es geht hier nicht um einen Krieg, nicht einmal um die Besetzung fremder Territorien. Es geht um eine Politik militärisch gestützter Erpressung, mit der man sich ohne einen Schuss die Staaten gefügig machen möchte.

7.5. Zweckbündnis des Westens mit der Sowjetunion gegen Hitler

Lieber C.

Als sich die Westmächte mit der Sowjetunion verbündet haben um Deutschland militärisch zu schlagen, taten sie es nicht aus Liebe oder Achtung gegenüber der Sowjetunion, sondern aus militärischem Kalkül. Der Kollateralschaden dieses Bündnisses war die Okkupation Osteuropas durch die Sowjetunion und die Weltmachtposition, welche die Sowjetunion nach dem Krieg errang. Damit wurde aber, gegen den Willen des Westens, die blutrünstige Diktatur Stalins geadelt, was in dem durch Kernwaffen abgesicherten kalten Krieg mündete.

Der Unterschied zwischen Stalin und Putin ist, dass Letzterer keine kommunistische Weltmission verfolgt, sondern „lediglich" das mit der Sowjetunion untergegangene russische Imperium wieder zum Leben erwecken möchte, koste es was es wolle. Und er betrachtet das als sein und Russlands Recht, dem sich alle Nachbarstaaten unterordnen müssen und in der Perspektive auch ganz Europa.

Grüße

Gabriel

7.6. Neutrale Ukraine?

Ich glaube nicht, dass Putin mit einer Ukraine als EU-Mitglied zufrieden zu stellen ist, auch wenn die Ukraine neutral wird. Letztlich geht es ihm darum, dass die Ukraine Teil des russischen Imperiums wird. Mit weniger ist er nicht einverstanden.

In Russland (im russischen Fernsehen) wird gesagt, die Sanktionen seit der Besetzung der Krim 2014 hätten Russland nicht geschwächt, sondern im Gegenteil gestärkt. Denn das Land, das sich ausschließlich auf den Export von Rohstoffen, vor allem Öl und Gas, verlassen hatte, war nun gezwungen, viele bisher importierte Produkte selbst zu erzeugen. Das habe zur Entwicklung der eigenen Wirtschaft geführt, Russland folglich im Endeffekt gestärkt. Es ist deshalb die Frage, ob mit den Sanktionen Russland tatsächlich in die Knie gezwungen werden kann. Das Land verfügt über fast alle für die moderne Wirtschaft erforderlichen Rohstoffe, könnte sich folglich längerfristig weitgehend aus der globalen Wirtschaft ausklinken und nur noch mit China kooperieren. Das ist vermutlich auch die Idee von Putin. Und die russische Bevölkerung kann man mit Patriotismus und Terror für schlechte Zeiten konditionieren.

7.7. Was tun mit den requirierten Vermögen von russischen Oligarchen?

Lieber G.,

Mein Vorschlag zu dem requirierten Vermögen der Oligarchen und des russischen Staates wäre, dass das Geld, bzw. der Verkaufserlös, auf ein Schweizer Sonderkonto für den Wiederaufbau der Ukraine überwiesen wird. Dieses Geld soll als eine Reparationszahlung Russlands an die Ukraine gelten. Ich habe diesen Vorschlag auch schon dem deutschen Außenministerium unterbreitet, aber in Deutschland ist es nicht üblich, dass Politiker gewöhnlichen Sterblichen antworten. Ganz anders ist es, nach der Erfahrung von Sirkka, in Finnland. Das mag wohl an der viel geringeren Bevölkerungszahl liegen. Ich glaube aber, dass es an der Arroganz der Politiker und ihrer vom Volk abgehobenen Position in Deutschland liegt. So gesehen ist Finnland offensichtlich demokratischer als Deutschland. Aber solche Erhebungen und Vergleiche werden leider nicht angestellt.

Man muss überhaupt nicht ein Bewunderer des Westens und insbesondere der USA sein, um die imperialistische Anmaßung Russlands unter Putin abzulehnen. Und in diesem Sinne sollte man auch ein ungeteiltes Verständnis für alle ehemals zur Sowjetunion gehörenden oder unter dem sowjetischen Einfluss stehenden Staaten haben, die sich der russischen Übermacht nur dadurch erwehren zu können glauben, dass sie Mitglieder der NATO werden. Wenn das den Führern Russlands missfällt, müssen sie dafür sorgen, dass sich die Nachbarstaaten nicht von Russland bedroht fühlen. Das hat nichts mit der Annahme einer Überlegenheit oder Unterlegenheit des Westens oder Russlands in jeder erdenklichen Hinsicht zu tun. Es ist schlicht so, dass in der heutigen Zeit jedes Volk eine Eigenständigkeit, bzw. ein Bündnis seiner Wahl beansprucht und auch das Recht dazu hat, unabhängig von seiner zahlenmäßigen und territorialen Größe und unabhängig von der Größe und Stärke seiner Armee. Nur darum geht es den Ukrainern in ihrem Konflikt mit Russland.

Der Ausgang des Krieges ist noch offen. Mir scheint aber ein Ende des Konfliktes möglich zu sein, in Analogie zum Ende des Finnischen Winterkrieges 1939/40. Finnland hat damals der Sowjetunion einige von ihr geforderte Territorien abgetreten und dafür die Unabhängigkeit behalten. Das war aber nur dadurch möglich, dass die sowjetische Armee erhebliche Verluste beklagen musste und nicht in der Lage war, das kleine Finnland zu besiegen. Die Finnen haben folglich ihre Unabhängigkeit erkämpft, sonst wäre Finnland damals, wie die baltischen Staaten, eine Sowjetrepublik geworden. Ein ähnliches Ende des Krieges muss derzeit die Ukraine anstreben. Dafür ist es unerlässlich, dass der Westen die Ukraine weiterhin mit Waffen beliefert. Das ist die traurige gegenwärtige Situation. Es scheint, als hätte Russland seit den Zeiten Stalins nichts dazugelernt.

8. Die Irrtümer des Westens
8.1. Wandel durch Handel

(17.04.2022)

G. Berger an C. R. und G.F.

Hier meine Meinung:

Die deutschen Politiker verwechselten ihre frommen Wünsche mit der Realität. Sie sind nicht von Russland übers Ohr gehauen worden. Sie haben sich selbst ein Bein gestellt. Sie predigten den Wandel durch Handel, ohne sich in das Weltbild des Autokraten Putin hineinzuversetzen, obwohl er weitgehend mit offenen Karten spielte. Politiker aller deutschen Parteien steckten, wenn sie nicht zu Putin-Fans zählten, ihre Köpfe in den Sand. Am besten nichts hören und nichts tun, dann wird nichts passieren, war ihr Politikstil gegenüber Russland. Jeder realistisch denkende Mensch wusste spätestens seit 2014, dass man sich nicht von Russland abhängig machen durfte. Die Polen und Balten wussten das schon in den neunziger Jahren. Aber auf sie hat in Deutschland kein Politiker gehört. Sie galten als gegenüber Russland aus historischen Gründen überempfindlich und neurotisch. Zu der deutschen Naivität und Liebe zu Russland kam die irrsinnige deutsche Energiewende, welche die Abhängigkeit von Russland im Energiesektor ins Absurde steigerte. Dass man mit dieser Politik systematisch an den Baum fährt, konnte man auch ohne eine hohe akademische Bildung seit Langem voraussehen.

Frau Zimmermann betrachtet offensichtlich die Welt durch einen Filter, der sie nur das sehen lässt, was sie sehen möchte. Diese Eigenschaft teilt sie mit zahlreichen deutschen Zeitgenossen. Sie sollte die letzten Reden Putins im Februar 2022 und seinen historischen Aufsatz über die Ukraine lesen. Da findet sie die ganze Breite der heutigen Kriegsrhetorik, formuliert bereits vor dem Krieg. Und da kann man auch explizit lesen, dass Putin der Ukraine ein Existenzrecht als einem unabhängigen Staat kategorisch abspricht. Er sieht die Ukraine als Teil Russlands und der als „Spezialoperation" bezeichnete militärische Überfall auf die Ukraine ist für Putin eine innere Angelegenheit Russlands, eine Polizeiaktion, in die sich niemand von außen einmischen darf. Das wäre sicher ebenso der Fall, wenn Russland die baltischen oder anderen Nachbarstaaten „heim ins Reich" holen würde. Denn darum geht es Putin und seinen russischen Anhängern: um die Wiederherstellung eines großrussischen Reiches, vor dem Europa und die ganze Welt vor Angst zittert. Denn Putin fordert vom Westen etwas Grundlegendes ein: Respekt.

8.2. Wie sich Deutschland freiwillig finnlandisierte

(Veröffentlicht im „Stacheldraht")

27.04.2022

Angesichts der kritischen Lage, in der sich die deutsche Energieversorgung seit dem Überfall Russlands auf die Ukraine befindet, begann in Deutschland eine seit vielen Jahren fällige kontroverse Diskussion. Denn mit den Einfuhren von Erdgas, Öl und Kohle aus Russland finanziert Deutschland im erheblichen Maße Putins Krieg gegen die Ukraine, aktuell mit etwa 200 Millionen Euro pro Tag. Die Kosten des russischen Krieges werden dagegen auf etwa 20 Millionen Euro pro Tag geschätzt. Deutschland hat sich, besonders durch die vielgepriesene „ökologische Energiewende" auf unbestimmte Zeit fast vollständig von Importen der Energieträger aus Russland abhängig gemacht. Die Lage Deutschlands ist höchst prekär und peinlich, und sie wird in verbündeten Staaten zunehmend kritisch bewertet. In Deutschland suchen Politiker aller Regierungsparteien sowie der CDU/CSU nach Rechtfertigungen, um Fehler ihrer Parteien in der Vergangenheit in Sachen Energiepolitik wegen des angeblich nicht vorhersehbaren Krieges Russlands gegen die Ukraine klein zu reden oder auf eine andere Partei abzuwälzen. Dagegen versuchen sich ausländische Beobachter in tiefgründigen Analysen des Zustandes der Abhängigkeit von Russland, in die sich Deutschland in vergangenen Jahrzehnten selbst gebracht hat.

So erschien am 23.04.2022 in der finnischen Zeitung „Etelä-Suomen Sanomat", deutsch „Südfinnische Nachrichten", ein zweiseitiger Beitrag des finnischen Historikers Antero Holmila mit dem Titel „Als Deutschland sich finlandisierte".

„Finlandisierung" war der abwertende Begriff, mit dem in der Zeit des kalten Krieges außerhalb Finnlands die politische Situation beschrieben wurde, in der sich Finnland nach dem 2. Weltkrieg befunden hat. Im Gegensatz zu den osteuropäischen Staaten, die nach dem 2. Weltkrieg der sowjetischen Einflusszone angegliedert wurden, ihre Souveränität verloren und als sogenannte „volksdemokratische Staaten" das politische und wirtschaftliche System der Sowjetunion übernehmen mussten, behielt Finnland den Status eines selbständigen Staates, allerdings von der Gnade Moskaus und unter erheblichen Gebietsabtretungen an die Sowjetunion. Finnland musste nicht nur politisch neutral und blockfrei sein, es musste auch in der Innenpolitik, in den Medien und in der Kultursphäre den Vorgaben des großen Nachbarn Folge leisten. Von solchen Restriktionen abgesehen blieb Finnland politisch und wirtschaftlich unabhängig. Die Sowjetunion behielt sich aber vor, sogar auf die Besetzung von politischen Spitzenpositionen in Finnland direkten Einfluss zu nehmen. Hinzu kam die Verpflichtung Finnlands die Wirtschaft auf die Belange Russlands auszurichten, was allerdings in manchen Bereichen Finnland zum Vorteil gereichte. Die Finlandisierung äußerte sich insbesondere in einer Selbstzensur, der sich Medien, Politiker, Universitätsprofessoren, Bürger in gehobenen Positionen auferlegten, um Konflikte mit der Sowjetunion zu vermeiden. Es wurde streng darauf geachtet, keine Informationen zu verbreiten, die das Ansehen der Sowjetunion schädigen könnten. Dieser Zustand permanenter politischer Einflussnahme und Erpressung Finnlands seitens des großen, atomar gerüsteten Nachbarn dauerte bis zum Untergang der Sowjetunion im Jahre 1991, und ist erst in den letzten

Jahren in Finnland zum Gegenstand öffentlicher Diskussion und Kritik geworden, befeuert durch die expansive Politik Putins. Dabei wird oft die Frage aufgeworfen, ob sich finnische Spitzenpolitiker mehr als unbedingt nötig der Sowjetunion angebiedert hatten.

Finnland ist somit das Land, in welchem es am besten bekannt sein muss, worin die von der Sowjetunion erzwungene Finlandisierung bestanden hatte und wie sie sich in der Politik und im gesellschaftlichen Leben äußerte. Wenn also von dort der Vorwurf erhoben wird, Deutschland habe sich im Gegensatz zu Finnland freiwillig finnlandisiert, indem es sich Russland übermäßig anbiederte und sich ohne einen äußeren Zwang in eine einseitige wirtschaftliche Abhängigkeit von Russland begeben hat, müssen in Deutschland Alarmglocken läuten.

Der Begriff „Finlandisierung" hatte in der Bundesrepublik Ende der sechziger und in den siebziger Jahren Konjunktur. Er wurde besonders von dem CSU-Politiker Franz Josef Strauß als ein Kampfbegriff gegen die von Willy Brandt eingeleitete Politik der Annäherung Deutschlands an die DDR die Sowjetunion und die Ostblockstaaten verwendet. „Wandel durch Annäherung" und „Wandel durch Handel" waren die meist verwendeten Losungen der SPD-Entspannungspolitik. Strauß befürchtete, dass eine zu starke Annäherung Deutschlands an den Ostblock eine Vernachlässigung der Verteidigungsbereitschaft bis hin zur Neutralität Deutschlands zur Folge haben könnte. Die von der Sozialdemokratie damals angestrebte Vereinigung Deutschlands als eines neutralen Staates hätte aber, so die Befürchtung von Strauß, eine Unterordnung Deutschlands unter die Belange der Sowjetunion zur Folge, mithin eine

Finnlandisierung Deutschlands in dem oben für Finnland beschriebenen Sinne.

Nach Meinung des finnischen Historikers Antero Holmila hat die in den Folgejahren praktizierte Entspannungspolitik in der Tat zur weitgehenden Finnlandisierung Deutschlands auf freiwilliger Basis geführt. Die Stimmung, der Sowjetunion nicht weh tun zu dürfen, habe sich besonders durch die deutschen Schuldgefühle aufgrund des Überfalls Nazi-Deutschlands auf die Sowjetunion und des Holocausts etabliert. Diese Haltung sei nach dem Zerfall der Sowjetunion auf Russland übertragen worden, wobei meist ignoriert wurde, dass neben dem russischen Volk auch die Völker der anderen einst der Sowjetunion angehörenden Staaten einen hohen Blutzoll im Zweiten Weltkrieg entrichten mussten. In politischen Kreisen, besonders der Linken, der SPD, später auch der AfD, dominierte ein Verständnis für die Interessen Russlands, wobei meist die Interessen der Nachbarstaaten Russlands vernachlässigt wurden.

Die durch Schuldgefühle, besonders aber durch wirtschaftliche Interessen bedingte Annäherung Deutschlands an Russland war auf Seiten Deutschlands von dem trügerischen Glauben an einen russischen „Wandel durch Handel" begleitet, den Glauben an eine Demokratisierung Russlands, der aber spätestens 2005 hätte angezweifelt werden müssen, als Putin den Zerfall der Sowjetunion als „die größte geopolitische Katastrophe des zwanzigsten Jahrhunderts" bezeichnet hat. Eine solche Diskussion fand aber in Deutschland nicht statt. Stattdessen wurde die wirtschaftliche Kooperation Deutschlands mit Russland immer weiter vertieft, bis hin zu einer fast vollständigen Abhängigkeit Deutschlands vom russischen Gas und Öl.

Ohne russisches Gas und Öl würden in Deutschland die meisten Wohnhäuser kalt werden und die Chemieindustrie zusammenbrechen. Diese Abhängigkeit hat sich durch das unter der Kanzlerin Merkel beschlossene Abschalten der Kernkraftwerke und den „ökologischen Umbau" der Energieerzeugung weiter verschärft. Denn die deutsche „Energiewende" mit gleichzeitiger Abschaltung von Atom- und Kohlekraftwerken ist nur realisierbar, wenn für den Grundlastbetrieb Gaskraftwerke verwendet werden. Zu der wirtschaftlichen Abhängigkeit von Russland kam die weitgehende Entmilitarisierung Deutschlands hinzu, weil sich die Meinung durchsetzte, dass Deutschland keine Feinde hat. Die Bundeswehr wurde auf ein Minimum reduziert, das für die Kooperation mit der NATO unumgänglich war und war zum erheblichen Teil nicht einsatzfähig. Eine militärische Gefahr seitens Russlands stand nicht zur Debatte. In der deutschen Gesellschaft dominierte die pazifistische Haltung.

Die vertrauensvolle Kooperation mit Russland wurde selbst nach 2014 fortgesetzt, nachdem Russland der Ukraine die Krim geraubt und im Osten des Landes die abtrünnigen sogenannten „Volksrepubliken" Donezk und Luhansk installiert hatte. 2015, wurde das Projekt Nordstream 2 für eine zweite Ostseepipeline von Russland nach Deutschland, also unter Umgehung der Ukraine, aus der Taufe gehoben, zu einem Zeitpunkt, als die imperialen Pläne Putins allgemein, auch der Bundeskanzlerin Frau Merkel, bekannt sein mussten. Das Vertrauen Deutschlands in Russland blieb dennoch ungebrochen. Man berief sich dabei auf die einstige Kooperation der Bundesrepublik mit der Sowjetunion. Die Sowjetunion sei ganz unabhängig von weltpolitischen Krisen und Ost-West-Konflikten ein zuverlässiger, krisenfester Gas- und Öllieferant gewesen. Dasselbe sei von Russland zu erwarten. Zudem seien die langfristig mit Russland vereinbarten Preise deutlich günstiger als die Weltmarktpreise. So kam es also, dass Deutschland mit seinen Gas- , Öl- und Kohleimporten aus Russland zu einem der wichtigsten Finanzierer des ehrgeizigen russischen Aufrüstungsprogramms geworden ist und nach dem Überfall Russlands auf die Ukraine im erheblichen Maße den russischen Krieg finanziert. Ein Stopp der Einfuhr der Energierohstoffe aus Russland, der den russischen Krieg zumindest verteuern, wenn nicht beenden würde, hätte nach Einschätzung von deutschen Wirtschaftsfachleuten und Politikern in Deutschland kalte Wohnungen und den Kollaps der Wirtschaft zur Folge.

So ist also Deutschland ohne einen Zwang und ohne Erpressung im hohen Maß von Russland abhängig geworden, wie ein Junkie von einem Dealer. Diesen Zustand und das in Deutschland, besonders innerhalb der SPD, weit verbreitete Verständnis für die russische Politik und die „russischen Interessen" hat der Finne Antero Holmila als eine freiwillige Finnlandisierung Deutschlands bezeichnet.

8.3. Ukraine und Energie

Lieber R.,

Die grünen Ideologen wollen eher untergehen, als die Kernenergie reaktivieren. Die Deutschen müssen immer aus der Reihe tanzen, immer einen Sonderweg gehen, weil sie meinen schlauer zu sein als alle anderen. Und Habeck will nicht zur Kenntnis nehmen, dass man mit dem Weiterbetrieb der drei Kernkraftwerke Deutschland wenigstens Luft verschaffen könnte.

Schon vor mehr als 20 Jahren war nicht nur mir klar, dass man sich bei Importen von Energierohstoffen nicht fast ausschließlich auf Russland beschränken darf, dass vielmehr aus strategischen Gründen eine Streuung auf Lieferanten aus verschiedenen Staaten nötig ist. Dass Nodstream1 und Nordstream2 politische Projekte zur Schwächung der Ukraine gewesen sind, war ohnehin von vornherein bekannt. Umso schlimmer, dass sich Deutschland darauf eingelassen hat. Dabei hat es in der Vergangenheit schon ein vergleichbares Beispiel gegeben. Das war der 1986 fertiggestellte Hafen von Mukran.[7]

Das war ein politisches Projekt, zur Umgehung des rebellischen Landes Polen. Da ich das wusste, war ich von vornherein gegen die Nordstream-Pipeline. Es ist traurig, dass man in Deutschland immer wieder Spitzenpolitiker hat, die mit Blindheit geschlagen oder wie Schröder korrupt sind. Unterstellt man, dass jedes Volk eine Führung hat, die es verdient, ist das ein schlechtes Zeugnis für das deutsche Volk. Man darf z.B. nicht ignorieren, dass der Ausstieg aus der Kernenergie in Deutschland mehrheitsfähig

---

7 https://www.ndr.de/geschichte/schauplaetze/Als-Rue-gen-mit-Mukran-einen-neuen-Faehrhafen-bekm,mukran138.html.

war und nach wie vor ist. Ebenso war eine sentimentale Zuneigung zu Russland in Deutschland, besonders in Ostdeutschland, bis vor Kurzem eine Massenerscheinung, die als Friedensliebe interpretiert wurde. Und dass die wage Unterstellung, jedes Volk verdiene die Führung die es hat, auch im Fall Russlands seine Richtigkeit zu beweisen scheint, zeigt die große Popularität, die Putin in Russland trotz oder vielleicht sogar wegen des Krieges gegen die Ukraine genießt.

Bei mir ist alles beim alten, außer das Alter, das sich unweigerlich der Achtzig nähert. Ich hoffe, dass Ihr beide so gesund und munter seid, wie ich. Die Corona-Zeit scheint sich dem Ende zu nähern, was die nächste Zukunft, abgesehen von politischen Katastrophen, freundlicher erscheinen lasst.

9. Putins Krieg betrifft uns alle

9.1. Die guten Zeiten sind vorbei

Ich vermute, dass Putin und sein Umfeld Opfer ihrer eigenen verblendeten Ideologie sind. Sie glaubten, sie würden in der Ukraine von Russen, die keine Ukrainer sein wollen, mit Blumen empfangen werden, ähnlich wie das 1938 beim Anschluss Österreichs gewesen ist. Dann wäre die „militärische Spezialoperation" in wenigen Tagen mit dem Einmarsch in Kiew beendet gewesen. Das ist nicht passiert. Außerdem war es die erklärte Absicht Putins, die NATO nicht weiter nach Osten vorrücken zu lassen. Es wird voraussichtlich mit dem NATO-Beitritt Finnlands und Schwedens das Gegenteil passieren. Putin glaubte, die Drohung mit Kernwaffen würde den Westen vor Angst erstarren lassen. Auch das ist nicht passiert. Also was hat er bislang erreicht? Da der Anschluss der ganzen Ukraine offensichtlich eine zu harte Nuss ist, wird sich Putin zunächst mit der Eroberung der Ost- und Südukraine begnügen. Es kann natürlich schlimmer kommen, wenn die Russen auch Odessa einnehmen und einen Korridor nach Transnistrien schaffen. Da würde nämlich die Ukraine vom Meerzugang abgesperrt sein. Ein Frieden zwischen Russland und Ukraine ist aber auf dieser Basis kaum denkbar. Außerdem würde dann wohl die Republik Moldau das nächste russische Opfer werden. Der Frieden rückt somit weit in die Ferne. Das ist leider die derzeitige Perspektive. Dass die westliche Rüstungsindustrie in dieser Situation floriert, ist mit Sicherheit kein Plan Putins, wie auch die Gewinne, welche die amerikanische und arabische Öl- und Gasindustrie, statt der russischen, kassiert. Und die Globalisierung bekommt einen Dämpfer. Die guten Zeiten sind vorbei.

9.2. Warum ich zur „Hochform auflaufe"

Antwort auf den Vorwurf eines alten Freundes und Putin-Verstehers, ich würde mit meinen Äußerungen zu Russland und der Ukraine neurotisch „zur Hochform" auflaufen.

Lieber G.,

es gab in der Vergangenheit dramatische Zeiten, in denen ich „zur Hochform auflief". Das waren Zeiten, in denen, auch wenn es pathetisch klingt, die Wellen des Kampfes der Freiheit gegen die Despotie mein beschauliches Leben manchmal nur berührten, manchmal durcheinanderwirbelten. So war es schon kurz nach meiner Geburt, natürlich unbewusst, als mir der Sieg der Amerikaner über die Nazis in Frankreich ein Leben ohne Todesangst ermöglicht hatte, denn Juden waren damals unter deutscher Herrschaft nirgendwo in Europa sicher. Es ist auch keine Übertreibung, wenn ich sage, dass ich mein Leben unter anderem den Amerikanern zu verdanken habe. Mein Vater hatte es natürlich als Kommunist ganz anders gesehen, für ihn waren die Amerikaner selbst als Befreier in erster Linie imperialistische Invasoren, die es im Interesse des Weltkommunismus zu bekämpfen galt.

Die nächste Zäsur brachte in mein Leben die antistalinistische Rebellion in Polen und Ungarn, die meinen Vater dazu bewogen hat, Polen zu verlassen und in die DDR einzuwandern. Der „Prager Frühling", die Rebellion der Studenten in Polen sowie die anschließende antisemitische Hetzjagd auf die Juden in Polen brachten mein bis dahin von marxistischen Ideen geprägtes Weltbild zum Einsturz. In meinem Bewusstsein formten sich neue Kriterien darüber, wen ich als Freund, wen als Feind zu betrachten hatte. Hinter der von kommunistischer Propaganda geprägten Fratze der bösartigen amerikanischen Imperialisten erschienen lebensfrohe wohlmeinende Menschen aus Fleisch und Blut, hinter dem realsozialistischen Gruppenfrohsinn verkniffene, asketische und giftige Greise, die alttestamentarischen Propheten gleich den Menschen jeden Spaß verdarben und zudem jede Bewegungsfreiheit raubten mit der abstrusen Begründung, damit der Menschheit zu dienen.

Schließlich ließ mich die Konferenz für Sicherheit und Zusammenarbeit in Helsinki 1975 abermals zur „Hochform auflaufen", dieses Mal mit dem endgültigen Entschluss, die DDR zu verlassen, um mich dem missratenen osteuropäischen Gesellschaftsexperiment zu entziehen.

1980-81, schon im Westen, lief ich wieder zur „Hochform" auf, als es galt, das polnische Freiheitsanliegen zu fördern und zu verteidigen. Ich versuchte mich damals, ohne journalistische Vorkenntnisse, mit gutem Erfolg als Berichterstatter aus Polen, erlebte hautnah die polnische Freiheitseuphorie und die anschließende Katastrophe.

Was danach kam, wissen wir. Mit dem Niedergang der Sowjetunion schien diese Menschen versklavende Hydra verendet zu sein. Doch der anfänglichen weltweiten Euphorie folgte im Westen die Ernüchterung. Mit Putin übernahm ein Herrscher das russische Großreich, der schon nach wenigen Jahren aus seinen tyrannischen Ambitionen, ein absoluter Herrscher zu sein, keinen Hehl machte. In den gerade frei gewordenen Staaten Osteuropas wuchs die Angst vor dem Wiedererwachen der Hydra, die sie ein halbes Jahrhundert lang geknechtet hatte. Folgerichtig schlossen sie sich der NATO an, einem Verteidigungsbündnis, das nach dem Zerfall der Sowjetunion nie Russland bedroht hat und nie einen Angriff auf Russland plante. In einer durchsichtigen Umkehrung von Ursache und Wirkung fing Putin an, von einer „Einkreisung" und „Bedrohung" durch die NATO zu faseln. Die tot geglaubte Hydra wachte wieder auf.

Mit dem Überfall auf die Ukraine, erst 2014, dann 2022, bestätigte Putin die Richtigkeit der Befürchtungen der Osteuropäer: Sie können nur deshalb in Freiheit leben, weil sie sich der NATO angeschlossen haben. Das wird auch derzeit durch die von Putin und russischen Medien gegen Finnland und Schweden unverhohlen ausgestoßenen Angriffsdrohungen bestätigt. Russland hat sich zu einem Monster entwickelt, das Europa und die ganze Welt bedroht, umso mehr, als die Mehrheit der Russen, wie einst die Deutschen zu Hitler, zu ihrem Führer steht. Russlands Vorwürfe, europäische Staaten würden es bedrohen, sind nur zynische Vorwände für Russlands Aggressionen.

Das ich in einer solchen Situation, die uns alle, neben den Ukrainern aber besonders die Finnen, bedroht, „zur Hochform auflaufe" ist wohl kein Wunder. Vergleiche des Vorgehens Russlands und der USA haben in der derzeitigen Lage überhaupt keinen Sinn, sie sind noch abstruser als Vergleiche von Äpfeln mit Birnen. Denn der letzte Krieg der USA zur Vergrößerung des Territoriums fand 1836 also vor fast 200 Jahren statt. Egal wie man die späteren Kriege der USA bewertet, mit territorialem Expansionismus hatten sie, im Gegensatz zu Kriegen Putins, nichts zu tun. Putins Russland ist ideell und machtpolitisch in das 19. Jahrhundert zurückgefallen. Weil eine solche Wandlung der Person Putins von einem scheinbar rational kalkulierenden Staatsmann zum irrational und gegen die eigenen Interessen handelnden Despoten für die meisten Menschen im Westen unverständlich ist, wird von vielen Putin die geistige Gesundheit abgesprochen. Wenn es gegenwärtig für Russland aus alter Tradition so wichtig ist, die Krim und die Ostukraine zu besitzen, warum fordert Deutschland Königsberg nicht zurück? Russland beansprucht offensichtlich für sich Rechte, die es anderen nicht zubilligt.

Und die Forderung Russlands, die USA sollen sich vom europäischen Kontinent zurückziehen, werden in Deutschland bezeichnenderweise nur von der AfD und von Linken unterstützt. Was für eine Allianz: AfD und Linke! Natürlich geht es mit Russlands Forderung nach dem Rückzug der Amerikaner darum, dass die europäischen Staaten zu Vasallen Russlands werden, weil sie vom Pazifismus beeinflusst, nicht in der Lage sind, sich selbst vor der Aggression Russlands zu verteidigen. Und die Behauptung, die USA hätten Westeuropa wie Napoleon und Hitler erobert, die neulich der russische Außenminister Lawrow von sich gab, ist nichts anderes als eine unverfrorene Übertragung eigener Absichten auf andere.

Was Israel betrifft, muss man sich, nicht nur als Deutscher, mit der Bewertung zurückhalten, das aber nicht um Israel einen exklusiven Status zuzubilligen. Man muss im Fall Israels sowohl die Geschichte, als auch die derzeitige Bedrohungslage streng im Auge behalten. Man muss sich erinnern, dass die Juden, besonders in Osteuropa, wie Hasen gejagt und schließlich in Deutschland wie Ratten vertilgt wurden. Dass sie, egal wo auf der Welt, für sich eine Rettungsinsel gesucht haben. Neben Palästina waren unter anderen Uganda, Argentinien, Australien, Madagaskar, die Krim und Birobidshan im Gespräch.

Man darf nicht vergessen, dass die meisten Staaten der Welt von Menschen bewohnt werden, die irgendwann auf das Territorium zugewandert sind, alles Dir bekannte Dinge. Es ist auch so, dass alle Völker und Staaten auf Gründungsmythen zurückgreifen, die deren Existenz und Leben auf dem Territorium begründen. In dieser Hinsicht ist Israel in der exklusiven Lage, mit der Thora, dem Alten Testament, einen Jahrtausende alten Gründungsmythos in der Hand zu haben, der die Existenz Israels auf dem palästinensischen Territorium für deren Bürger begründet.

Die Absicht der Zionisten war die Rettung der Juden, nicht die Unterdrückung der Araber. Das sich die Situation so ergeben hat, wie sie heute ist, ist bedauerlich. Es musste nicht so sein, denn Palästina war zwar nicht, wie Theodor Herzl behauptete, menschenleer, aber doch nach heutigen Maßstäben geurteilt extrem dünn besiedelt und inklusive des heutigen, von Palästinensern bewohnten, Jordanien sehr groß. Denn das britische Mandat Palästina beinhaltete neben den heutigen Gebieten Israel und Palästina Jordanien. Auf einem Teil dieses sehr großen Territoriums Palästinas sollte eine Heimstätte für die Juden errichtet werden. Es hätten Juden neben Arabern friedlich dort leben können, was die Araber leider nicht wollten, aus welchen Gründen auch immer. Heute muss Israel als ein kleines Land, ein Fliegendreck auf dem Globus, die in der Region stärkste Armee unterhalten, um überleben zu können, vor allem ums sich der sehr starken Regionalmacht Iran erwehren zu können. Iran verspricht täglich, Israel zu vernichten. Und eines haben wir von der derzeitigen Russland-Krise erfahren können: Was Despoten sagen, das tun sie auch. Es gibt parallelen zwischen Israel und der Ukraine: Beiden Staaten wird unterstellt, das Erbe der Nazis anzutreten, obwohl sie im konkreten Handeln das Gegenteil beweisen.

Es gibt einen gravierenden Unterschied zwischen Israel und Russland. Israel hat eine große Armee um sich zu verteidigen. Russland dagegen hat eine große Armee nicht um sich zu verteidigen, weil es von niemandem bedroht wird. Es braucht eine große Armee, um selbst andere Staaten zu bedrohen, ihnen den eigenen Willen aufzuzwingen und um sie nach Belieben angreifen zu können. Und es braucht eine große Armee um sich als Großmacht in der Welt Geltung verschaffen zu können, was das Land sonst wegen der schwachen Wirtschaft nicht könnte.

Also, worüber soll man sich streiten? Die Fakten sind doch eindeutig und sie sprechen für sich oder?

G. Berger

10. Russland darf diesen Krieg nicht gewinnen

(18.10.2022)

Der Krieg Russlands gegen die Ukraine dauert nun fast neun Monate. Sein Ende ist nicht abzusehen, zumal sich die Ukrainer mit westlicher Waffenunterstützung außergewöhnlich effektiv verteidigen und sogar von Russland eroberte Gebiete zurückgewinnen konnten. In russischen Medien sind zaghaft kritische Töne, die russische Kriegsführung betreffend, zu vernehmen. Die ukrainischen Erfolge werden auf die massiven westlichen Waffenlieferungen und auf die Teilnahme von Freiwilligen aus westlichen Staaten auf ukrainischer Seite zurückgeführt, ukrainischen Soldaten wird nicht so viel zugetraut.

Denn man darf in Russland nicht öffentlich zugeben, dass der Kriegsverlauf wesentlich durch die Motivation der kämpfenden Seiten bestimmt wird. Diese ist auf der Seite der ukrainischen Verteidiger enorm hoch und wird durch die ukrainischen Geländegewinne der letzten Wochen wesentlich gesteigert. Dagegen wissen die russischen Angreifer immer weniger, wofür sie kämpfen sollen. Die Propagandafloskel, sie würden Russland gegen den Überfall der NATO verteidigen, widerspricht der Lage, welche die russischen Soldaten selbst zu sehen bekommen, wenn sie Russlands Grenzen überschreiten. Die Lage ähnelt der 1968 beim Einmarsch der Truppen der Warschauer Vertragsstaaten in die Tschechoslowakei. Die mehrheitlich sowjetischen Soldaten fuhren damals angeblich in ein Manöver mit unbekanntem Ziel und waren ganz überrascht, in die Tschechoslowakei gekommen zu sein, wo sich ihnen lediglich Zivilisten in den Weg stellten. In der Ukraine müssen sie dagegen kämpfen, aber ohne zu wissen warum. Die von Putin verkündete Teilmobilmachung wird die Motivation der so gewonnen neuen Soldaten kaum erhöhen können. Hunderttausende junge Männer haben sich durch Flucht ins Ausland der Einberufung widersetzt.

Putin hat in den von Russland besetzten ukrainischen Provinzen Scheinreferenden über deren Anschluss an Russland durchführen lassen, um den russischen Soldaten von da an sagen zu können, dass sie russischen Boden verteidigen, der aber in Wirklichkeit geraubter ukrainischer Boden ist. Außer Nordkorea, Syrien, Venezuela und Iran hat bislang kein Staat der Welt die Annexion der Territorien durch Russland akzeptiert. Selbst verbündete Staaten wie China sind von Putins Abtrennung von Gebieten der Ukraine nicht begeistert, weil sie für die Uiguren und Tibeter ein nachahmenswertes Beispiel liefern könnte. Außerdem kann China kaum an der Verschlechterung des Verhältnisses zum Westen interessiert sein, dem es in der globalisierten Welt den enormen wirtschaftlichen Aufstieg verdankt.

Für Putin und seine Anhänger in Russland ist die Situation ganz logisch: Die Ukraine und Weißrussland gehören zur „russischen Welt" und haben deshalb kein Recht auf eine souveräne Staatlichkeit. Wenn Putin aktuell den Anschluss des Ostens und Südens der Ukraine, insgesamt von bis zu 30% des ukrainischen Territoriums an Russland zum Ziel erklärt hat, ist das demzufolge nur als ein Zwischenziel zu verstehen. Denn den Anhängern der „russischen Welt" ist auch eine Restukraine als selbständiger Staat

ein Dorn im Auge. Sie wollen die Ukraine „denazifiziern".
Im Klartext heißt das, in Kiew eine Putin genehme Regierung einzusetzen und längerfristig die ganze Ukraine an Russland anzuschließen. Das meint Putin, wenn er sagt, man könne jederzeit mit der Ukraine über einen Frieden verhandeln. Wenn deutsche Linke und AfD-Anhänger, aber auch der ungarische Ministerpräsident Orban, sofortige Friedensverhandlungen mit Russland fordern, demonstrieren sie damit ihre völlige Gleichgültigkeit für das Schicksal der Ukraine und ein wohlwollendes Verständnis für die imperialen Ambitionen Russlands.

Als Putin 2005 sagte, der Zerfall der Sowjetunion sei die größte geopolitische Katastrophe des zwanzigsten Jahrhunderts, meinte er das wörtlich, was er heute mit dem Krieg gegen die Ukraine beweist. Und das heißt, dass er nicht nur den Zerfall der Sowjetunion, sondern auch die Auflösung des Ostblocks nicht akzeptieren kann und de facto rückgängig machen will. Ein Sieg Russlands im Krieg gegen die Ukraine würde folglich nur ein Vorspiel für Putins weitere Pläne sein. Ihm geht es, neben der Wiederherstellung des russischen Imperiums, möglichst in sowjetischen Grenzen, darum, Osteuropa und darüber hinaus den ganzen europäischen Kontinent von Russland abhängig zu machen. Wenn der Westen in diesem Krieg die Ukraine unterstützt, geht es folglich nicht nur um die Souveränität der Ukraine, sondern um die Souveränität aller europäischen Staaten, denen nach Putins Willen zumindest eine Russland genehme unterwürfige politische Haltung aufgezwungen werden soll, ähnlich der von Finnland gegenüber der Sowjetunion. Deshalb kann für diesen Krieg nur eines gelten: Russland darf diesen Krieg nicht gewinnen.

Der russische Raketenangriff auf eine Reihe von ukrainischen Städten Anfang Oktober 2022 als Racheakt nach dem Anschlag auf die Krim-Brücke, beweist, dass die militärische Kraft Russlands, trotz aller Rückzüge und Misserfolge, noch lange nicht am Ende ist. Russland hat die Fähigkeit, auch ohne Einsatz von Atomwaffen, die Ukraine total zu verwüsten. Damit sind aber Putins Ziele nicht zu erreichen. Denn für den Sieg im Krieg muss das zerstörte Land besetzt werden. Und dafür sind sehr viele Soldaten nötig. Man bedenke, dass für die Niederschlagung der demokratischen Bewegung des Prager Frühlings in der vergleichsweise kleinen Tschechoslowakei mit einer Bevölkerung von 16 Millionen Einwohnern 1968 etwa 800.000 Soldaten eingesetzt wurden. Bei 44 Millionen Ukrainern müssten demnach, um den Widerstand lahmzulegen, proportional etwa 2,2 Millionen Besatzungssoldaten in die Ukraine einmarschieren. Ob Russland derzeit in der Lage ist, so viele Soldaten zu mobilisieren, um sie in der Ukraine einzusetzen, ist sehr fraglich. Die Begeisterung der jungen Russen für diesen Krieg hält sich in Grenzen und schwindet mit den durchsickernden Nachrichten über die verehrende Zahl der Gefallenen. Noch scheint die russische Bevölkerung Putins Großmachtambitionen mehrheitlich zu unterstützen. Doch diese kann durch einen endlosen Krieg schwinden, so wie es in den achtziger Jahren während des Afghanistan-Krieges geschehen ist. Damals führte nicht zuletzt der Krieg in Afghanistan, mit etwa 13.000 Toten, zu Protesten der Mütter gefallener Soldaten und zur Nominierung des Hoffnungsträgers Michail Gorbatschow zum Generalsekretär der kommunistischen Partei, dessen Politik schließlich das politische Gefüge der Sowjetunion zum Einsturz brachte und die europäische Landkarte gründlich veränderte.

Putin, forciert verbissen seinen Plan, die alte Stärke und Weltbedeutung der Sowjetunion, in Gestalt der „russischen Welt", der Vereinigung aller historischen russischen Einflussgebiete, wider zu erlangen. Er möchte sich neben Iwan dem Schrecklichen und Peter dem Großen in die Riege der großen Zaren einreihen und so in der russischen Geschichte zu verewigen. Doch er könnte dabei sein, in die Falle seiner gescheiterten sowjetischen Vorgänger zu laufen und alles zu verlieren, was kein Ruhmesblatt in der russischen Geschichte sein würde.

Seine Drohungen, in einer für Russland kritischen Situation „alle zur Verfügung stehenden militärischen Mittel", also auch die Atombombe, einzusetzen, ist wohl, wie Experten meinen, ernst zu nehmen. Zugleich sind sie aber ein Eingeständnis der Schwäche. Wie Putin als gedemütigter Potentat aus der Position der Schwäche reagiert, bleibt abzuwarten.

Gabriel Berger

wurde 1944 als Sohn eines aus Nazi-Deutschland geflüchteten polnisch-jüdischen Kommunisten im französischen Versteck geboren. Sein Vater ging 1948 freiwillig nach Polen, um sich dort am Aufbau des Sozialismus zu beteiligen. Der polnische Antisemitismus zwang ihn jedoch 1957, seine Teilnahme am sozialistischen Experiment in die DDR zu verlegen.

Gabriel Berger besuchte in Markkleeberg bei Leipzig die Oberschule und studierte in Dresden Physik. Danach war er an dem renommierten Zentralinstitut für Kernforschung Rossendorf bei Dresden tätig.

Nach der staatlich angeordneten antisemitischen Welle in Polen und dem gewaltsamen Ende des Prager Frühlings im Jahre 1968 verlor der junge Physiker den Glauben an eine Demokratisierung des realen Sozialismus. Ermutigt durch die Schlussakte der Helsinki-Konferenz für Sicherheit und Zusammenarbeit in Europa, stellte er 1975 einen Antrag auf Übersiedlung in die Bundesrepublik. 1976 wurde er unter dem Vorwurf der „Staatsverleumdung" verhaftet. Nach einjähriger Haft übersiedelte er nach Westberlin. Dort arbeitete er zunächst im kerntechnischen Bereich, später als Dozent für Informatik.

In den Achtzigerjahren studierte er Philosophie und veröffentlichte in Zeitungen, im Rundfunk und in Anthologien Beiträge zur aktuellen Situation in der DDR. Seit 1980 war er ein eifriger Unterstützer der polnischen demokratischen Massenbewegung „Solidarność".

Er ist Autor einer Reihe von Büchern, die vorwiegend sein Leben in der ehemaligen DDR, die Schicksale seiner jüdischen Verwandten, sowie die tragische Geschichte der Juden in Polen zum Inhalt haben.

www.gabriel-berger.de

© 2022 Gabriel Berger
Herstellung und Verlag: BoD – Books on
Demand, Norderstedt
ISBN: 9783756856343